乡村振兴视域下的乡村旅游与乡土文化传承研究

怀康 著

中国原子能出版社

图书在版编目（CIP）数据

乡村振兴视域下的乡村旅游与乡土文化传承研究 /
怀康著． -- 北京 ：中国原子能出版社，2021.9
　　ISBN 978-7-5221-1634-1

　　Ⅰ．①乡… Ⅱ．①怀… Ⅲ．①乡村旅游—旅游业发展
—关系—农村文化—研究—中国 Ⅳ．①F592.3 ②G12

　　中国版本图书馆 CIP 数据核字（2021）第 208066 号

乡村振兴视域下的乡村旅游与乡土文化传承研究

出版发行	中国原子能出版社（北京市海淀区阜成路 43 号　100048）
策划编辑	杨晓宇
责任印刷	赵　明
装帧设计	王　斌
印　　刷	天津和萱印刷有限公司
经　　销	全国新华书店
开　　本	787mm×1092mm　　　1/16
印　　张	11.75
字　　数	211 千字
版　　次	2022 年 1 月第 1 版
印　　次	2022 年 1 月第 1 次印刷
标准书号	ISBN 978-7-5221-1634-1　　　　定　价 68.00 元

网　址: http//www.aep.com.cn　　　**E-mail:** atomep123@126.com
发行电话: 010-68452845　　　　　版权所有　翻印必究

作者简介

怀康，男，1982 年 10 月出生，山东省邹平市人，毕业于韩国大邱大学，博士研究生学历，东南大学艺术学理论博士后，现任山东理工大学副教授，硕士生导师。研究方向：地域文化与设计艺术专业。主持并完成省厅级科研项目三项、山东理工大学校级课题四项，发表论文二十余篇。

前　言

中华文化积厚流光、博采众长，而在此之中乡土文化以其深厚的乡土性牢牢扎根在广阔的中华大地上，其长久地、不断地对华夏文明的发展进程产生影响。乡土文化与乡村、土地贴合，而在这种文化基调下孕育出的乡土文明是中华文化中的璀璨明珠，它内涵丰富，独具特色。乡土文化不仅承载了民族的团结和凝聚，更加推动了民族的发展和进步，是国家发展过程中的不竭精神动力。因此，透过乡村振兴战略，反观乡土文化的本质，尤其是在传承和保护优秀的乡土文化的基础上，挖掘和发展其对经济的积极作用，在新时代下的今天更有必要性。

全书共七章。第一章为绪论，主要阐述了乡村振兴战略背景与意义、乡村振兴战略的科学内涵、乡村旅游的基本经营模式、乡土文化与乡村振兴战略的互动逻辑等内容；第二章为乡村旅游的起源与发展，主要阐述了乡村旅游活动的萌芽、近代乡村旅游的发展、现代乡村旅游的发展、我国现代乡村旅游业的发展等内容；第三章为国外乡村振兴探索的经验借鉴，主要阐述了东亚乡村振兴探索、北美乡村振兴探索、西欧乡村振兴探索、国外乡村振兴探索的经验启示等内容；第四章为乡村旅游产品文化内涵与营销策略，主要阐述了乡村旅游产品的文化内涵与开发、乡村旅游产品营销创新策略等内容；第五章为乡土文化与乡村文化旅游资源开发，主要阐述了乡土文化自信与美育、乡土文化与乡村文化旅游资源、乡村文化旅游资源开发的策略、乡村文化旅游资源开发的经验借鉴等内容；第六章为乡村振兴视域下乡村旅游的发展战略，主要阐述了乡村旅游发展的影响因素、乡村振兴视域下的乡村旅游发展现状、乡村振兴视域下乡村旅游发展的战略等内容；第七章为乡村振兴视域下乡土文化的传承困境与重构，主要阐述了乡土文化的传承困境、乡土文化的重构可能、乡土文化的重构策略等内容。

为了确保研究内容的丰富性和多样性，在写作过程中参考了大量理论与研究文献，在此向涉及的专家学者们表示衷心的感谢。

最后，限于作者水平，加之时间仓促，本书难免存在一些疏漏，在此，恳请同行专家和读者朋友批评指正！

作 者

2021 年 1 月

目 录

1

第一章　绪论

　　乡村旅游业的发展与乡村振兴战略密不可分，两者处在相互影响的动态发展之中，它们是一种既相互促进又相互制约的关系。乡村旅游业的发展不仅能够使自身经济功能得到提升，同时也能对乡村其他功能起到推动作用。而随着乡村振兴战略的实施，其他各个功能对于乡村旅游业的发展既是一种加强，也是一种基础和条件。本章分为乡村振兴战略背景与意义、乡村振兴战略的科学内涵、乡村旅游的基本经营模式、乡土文化与乡村振兴战略的互动逻辑四部分。主要内容包括：乡村振兴战略的正式提出、我国乡村振兴战略的意义、乡村振兴战略的基本含义、乡村振兴战略的基本特点等方面。

第一节　乡村振兴战略背景与意义

一、乡村振兴战略的正式提出

　　习近平总书记所提出的乡村振兴战略是结合新中国成立以来国家主要领导人关于乡村建设的思想继承与发展，在其个人经历中也不断地进行加深。习近平总书记下乡插队的时候就开始思考关于农村的建设问题，在地方任职时期对乡村建设问题又更加深入地研究并提出了关于乡村振兴战略的具体措施，在中央任职时期有了更加全面完整的关于乡村振兴战略理论，并在全国范围内大力推行实施乡村振兴战略工作。

（一）乡村振兴战略的形成阶段

　　乡村振兴战略是立足于中国历届领导人有关农村发展理论与实践基础上发展起来。毛泽东在长期的革命斗争与社会主义建设实践中，继承和发扬了马克思主义思想，针对农村发展问题，提出了一系列重要论述，包括强调农业是国民经济的基础，重视粮食生产等。邓小平在继续毛泽东思想的基础上，针对中国农村实际情况，调动农民参与生产积极性，提出了"两个飞跃"，即实行家庭联产承包责任制和开展适度规模的经营，发展集体经济。江泽民在继续老一辈领导人思想理念的基础上，提出农业的发展的首要地位，并对农业现代化实现提供了指导。胡锦涛将"三农问题"提升为党的最主要工作，提出城乡一体化发展策略，为提高农民收入，采取了取消农业税等一系列举措。

习近平总书记根据农村地区，城市经济发展水平和城乡居民收入状况，制定了一系列城乡统筹规划，以解决城乡发展发展不平衡问题。他还提出了消除贫困的想法，通过扶贫攻坚战，制定消除贫困计划的具体措施，该计划旨在通过发展农村教育以及消除经济贫困来为农村居民消除贫困。同时，习近平总书记对农村生态文明建设提出了自己的见解，为农村振兴战略的发展奠定了坚实的基础。

2017 年 10 月，习近平在中共十九大报告中第一次提出了农村振兴战略，并将农村振兴战略写入《宪法》。现在，农村振兴战略的落实已上升到国家战略的最高位置。这是以习近平同志为核心的党中央从国家的整体事业考虑，着眼于当前国家发展目标，在了解和把握中国发展的阶段的基础上，为实现农民美好生活而作出的重大决策，是全国人民的共同愿望和行动。

（二）乡村振兴战略产生的理论渊源

马克思恩格斯从唯物辩证法的视角解释农村发展停滞落后的原因，并指出了振兴乡村的举措。自中国共产党成立以来，我国历届领导人在马克思主义农村发展理论基础上，结合中国特殊国情，经过漫长的理论积累与发展，形成了乡村振兴战略。总结和研究马克思主义理论工作者的观点和理论，让我们认识到乡村振兴战略是我们党关于农村政策的发展和继续。

1. 马克思恩格斯乡村发展理论

（1）生产力的发展和私有制的存在是乡村衰落的根源

马克思指出，工商业和农业的分工引起了城乡的分离与对立，生产力的发展促使这种分工更加深化，人们也因分工分为城市人口和农村人口。在资本主义私有制这样的制度安排下，作为统治阶级的资产阶级，重视发展城市，把城市打造成经济政治文化中心，加快城市现代化建设速度，促使各区域的人才、资源、金钱等要素单向流向城市，乡村逐渐被遗弃，农民处于被统治和被剥削的地位。我国现阶段要大力发展生产力，为乡村发展打牢物质基础。坚持公有制的主体地位不动摇，发展成果由人民共享。

（2）重视农业发展，强调生产粮食的重要作用

马克思认为，占有和生产粮食是一切社会劳动的首要目的，因为食物的生产是人类生存和发展的先决条件。历史唯物主义基本观点认为一定历史时期的经济发展水平决定着这个时期国家的政治、精神、文化等上层建筑的性质、产生和发展。由此可见以确保粮食安全为主要内容的农业是人类社会生存发展的基础，也是人类社会从事其他物质生产和精神生产的前提条件。

（3）走农业合作化道路，克服小农经济的局限性

马克思认为，小农经济不利于生产资料形成规模效应，难以进行资本积累，使得扩大再生产的可能性非常小，这制约着农村社会生产力的发展。而且在机器大工业生产的历史浪潮中，落后的小农经济最终会被社会化大生产所取代。恩格斯认为，当建立了无产阶级专政的国家政权时，不能采用暴力的方式去剥夺小农、消灭小农，要通过示范和为小农户提供帮助的方式，鼓励和引导农民加入合作社，把农民组织起来，规避小农经济生产方式落后的局面。

（4）缩小工农业之间的区别，解决城乡对立问题

马克思恩格斯认为，城乡关系大致经历城乡一体化到城乡分离、对立再到城乡融合的发展过程。马克思认为，要走乡村城市化道路，把工农业结合起来，促进产业融合发展，缩小城乡差别。恩格斯认为，大工业在全国的尽可能分布可消灭城乡间的分离。振兴乡村，实现乡村"强富美"，要发展以农业为主的乡村产业，提升农业生产力。促进城乡要素既可以下乡，又可以进城，增强农村发展水平，使得乡村彻底改变现状，这也是个人实现全面发展的要求。城市作为核心发展区域，人才、技术、资金、信息化、基础设施等各类生产要素和经济信息优势明显，要打破旧的分工格局，建立新型的城乡工农发展格局。

（5）树立生态文明理念，注重环境保护

马克思认为，在一定历史发展时期，提高土地肥力的任何进步，也是不同程度的破坏着土地的可持续发展的能力。恩格斯曾说："不要过分陶醉于我们对自然界的胜利。对于每一次这样的胜利，自然界都报复了我们。"每一次改造自然取得的进步，自然界后期都会以自然灾害、或地质灾害等方式惩罚我们人类。因此要树立生态文明理念，注重环境保护，减少发展农业带来的污染，走生态农业之路。

（6）农民解放和工农联盟思想

看到农民受到统治阶级的剥削，马克思提出要消灭资本主义私有制，解放农民。针对1848年欧洲革命中出现的问题，为打击统治阶级，提出了工农联

盟的思想，认识到在革命阶段农民和工人是同盟军，在革命中要想取得革命的最终胜利就必须争取到农民的帮助。后期，随着机器化大生产的发展，认为农民会变为无产者，最终成为无产阶级的一员，这也恰是社会主义农业生产方式。在新时期，我国小农还是会长期存在，要赋予工农联盟新的时代内涵，建立工农合作组织就是其中之一，加强工农之间联合。

2. 中国化马克思主义乡村发展思想

（1）确定农业发展是关乎国计民生的大问题

毛泽东重视粮食生产和经济恢复。1934年，在瑞金召开的全国工农大会上，毛泽东指出："在目前的条件之下，我国经济建设排在首位的应该是农业生产，农业生产要解决粮食问题。"邓小平继续突出农业的战略地位。1982年规划国民经济发展战略目标时，按战略地位排序，依次为农业、能源和交通、教育和科学。他认为农业发展不好，工业也很难发展起来，基本生活也成问题。强调农业发展主要靠政策和科学。江泽民将农业发展置于国家安全中。他强调，必须解决广大人民的吃饭问题，依靠外国处理这个问题，首先难以解决，即使解决，也会受制于人。农业农村农民发展问题与我国继续深化改革开放，推进社会主义现代化进程高度相关，关系到我们党执政地位的稳固和国家的安定。胡锦涛强调农业是社会发展的基础。他从全面建设小康社会的高度阐述了"三农"工作的重要性。他说，解决好"三农"问题，事关全面建设小康社会事业的大局，要始终把"三农"问题置于全党工作的重中之重。后期他又强调，农业是经济继续增长的基础，农村有扩大内需，刺激消费的潜力，保障民生，实现生活宽裕的重点难点都在农民。习近平强调稳固农业基础地位，建设现代农业体系。农业始终是国民经济的基础，粮食生产要牢抓不放，解决广大人民的吃饭问题最终要靠我国农业的发展。一个国家必须确保粮食安全，中国人的饭碗主要装中国粮。

（2）小农经济与时俱进的发展改造

毛泽东以合作化和集体化的方法改造小农经济。毛泽东强调，分散的个体生产使农民陷入穷苦，要摆脱这种状况，社会主义是广大农民的基本出路，经由互助合作到大合作社，走集体化道路。将农民组织起来，促进了生产力的发展，为国家工业化和城市化的发展作出了贡献。为追求农业集体化的高级形式，毛泽东实行人民公社体制。导致乡村管得过死，发展没有了活力，但这期间的涉农基础设施建设至今发挥着作用。邓小平适时作出"两个飞跃"的理论判断。第一个飞跃，即取缔人民公社体制，实施家庭联产承包为主的责任制。第二个飞跃，即适应科学种田和合作化生产的要求，形成适宜农村生产方式的规模经营，发展集体经济。根据经济发展状况，把握好"统"与"分"间的关系。江泽民坚持家庭联产承包责任制，认为家庭经营再加上社会化服务，是符合我国国情的农业生产方式。这时提出的社会化服务比较笼统。胡锦涛坚持农村基本经营制度，建立农民合作组织，促使农业经营体系向专业化、现代化转化。农民合作组织是基于农民意愿，以家庭经营为基础，以农民增收为目标，在资金、技术、生产、加工、销售等方面互助合作的经济组织。习近平总书记要求坚持农村基本经营制度，完善承包地"三权分置"制度，健全针对农业的社会化服务体系。他认为小农经济难致富，要发展大农业，这是对我国家庭联产承包责任制一次重大的创新与发展。

（3）城乡和工农关系的历史变迁

毛泽东将农村功能置于中国革命和建设的任务中。革命时期，农村是中国革命的主阵地，广大农村多数产品可自给自足，城市虽带有领导性质，但不能完全统治乡村，因为城市太小，乡村太大，城市的人力和物力水平都难以统治农村。新中国成立后，农村成了工业化的基础。毛泽东指出，要兼顾城乡发展，密切联系城乡关系和工农发展。但事实上农村长期处于从属地位，满足国家工业化积累。邓小平认为，农村稳定关乎全局。就我国当时的发展状况来看，百分之八十的农民住在农村，涉及的人口之多，范围之广，直接决定着我国城市的发展和国家的稳定。工农业发展要相互促进。农业发展与否直接关系着工业有无市场，工业不发展，农业也难以快速发展。工业发展的重大任务是促进农业现代化，要大力发展乡镇企业，吸收农村剩余劳动力，提高农业生产率，促进农业现代化。江泽民主张建设小城镇促进农村发展。这也是承接乡镇企业的发展，企业带动了所在地经济发展水平，有了建设小城镇的物质基础。党的十六大要求大中小城市和小城镇协调发展，走中国特色的城镇化道路。中国特色体现在乡镇企业的发展带动小城镇发展，通过就地城镇化解决乡村突出问题。胡锦涛主张建设社会主义新农村，加强农村基础设施建设，提高农业机械化水平，统筹城乡发展。作出"两个趋向"的论断，即工业化初期，农业支寺工业，为工业提供积累，在工业化达到一定水平后，工业反哺农业、城市带动农村发展。习近平总书记主张美丽乡村建设。2013年中央"一号文件"提出建设美丽乡村，随后发布《关于开展"美丽乡村"创建活动的意见》，指导我国乡村建设。2014年中央"一号文件"文件强调，美丽乡村建设的目标是将农村打造成安居乐业的居所。

习近平总书记认为农业发展经历依靠自身剩余积累向依靠工业剩余积累的过程，作出有关工农发展的"三阶段"论。即第一阶段是农业支撑工业，为工业进一步发展提供原始积累阶段；工农业共同发展阶段；工业反哺农业发展阶段。

（4）重视农民作用，保护农民合法权益

毛泽东重视农民在革命和建设中的作用。1926年，毛泽东说，解决农民问题是革命进程中的主要矛盾，这个问题在革命过程中如果解决不好，农民便不会支持革命。在建设时期，由于国家工业化的需要，实行乡村支持城市的方针政策，农民为国家资本积累作出了重要贡献。重视农教育问题，对农民进行灌输式的思想政治教育。邓小平尊重农民在生产过程中的创新精神，主张赋予农民政治权利，提高农民科学文化素质。树立了党和政府今后处理与农民关系的基本原则。江泽民通过立法等手段减轻农民负担。如1993年通过《农业法》，对涉农生产经营组织相关费用作出了法律规定。胡锦涛继续释放政策红利，增强农民发展力。如2004年减少农业税，实行粮食保护价收购等多样化的支持补贴制度，直至2006年取消农业税。培育新型农民，建立农民就业服务体系，提升农民合理种田、就业创业的能力。习近平坚持和加强强农惠农富农政策。提出"三个必须"，把国家的"强富美"与乡村"强富美"紧密衔接，表明了"三农"工作的基础性地位；提出了"三个不能"，贯彻协调共享发展理念，表明我们党始终保障农民相关权益；提出了"三个坚定不移"，表明我们党继续深化农村改革，促进乡村发展，维护乡村安定和睦的目标。他强调，要不断提高农村劳动力素质，通过多种渠道富裕农民，把"三农"在全党工作重中之重的要求落到实处，形成全方位服务"三农"的社会氛围。建立健全多样化的农民教育培训体系，为农业现代化建设和农业可持续发展提供人力支撑。

历届领导人的乡村发展思想为新时代乡村工作的展开奠定了理论基石。新时代乡村振兴战略是处于新的历史方位下，党对农业农村发展提出的更高要求。

（三）乡村振兴战略产生的时代背景

乡村振兴战略的产生是基于近年来我国社会各方面取得了显著的成就，乡村发展迎来黄金期，但也有一些深层次的问题亟待解决这样的现状。基于此，乡村振兴战略应运而生。

1. 新时代乡村发展呈现新特征新现象

农村市场化特别是要素市场化可激发农村发展的内生动力。据郑新立分析，开发农村资源，发展农村市场，可支撑我国经济在 2030 年之前保持约 7％的增速。习近平的博士毕业论文有关观点主张，农村进一步发展得益于"三变"。二十世纪九十年代实行"三变"可能各方面条件还不够成熟。如今，经过多年经济高速发展，我国经济总量稳居世界第二，有了践行和实现"三变"的物质基础，这是国家对"三农"发展的新要求新期待。通过合作社的路径把农民以股东身份团结起来，增强农民市场竞争力，让农民在市场经济中有主动权。用市场化机制将资源要素整合起来，力促资源变资产，实现收益共享。土地收益归真正经营土地的人。结婚、高考、外出务工等会引起农村人口变动，固定农户土地承包权在现实生活中会出现不公平的情况，打击农民的务农积极性。这就要求切切实实的保障直接经营土地的农民的经济利益和其他福利待遇。发展投资融资的体制机制，将财政和金融的作用发挥出来，吸引社会资金多元投入，力促资金变股金。

我国农业前期发展主要任务是确保国民口粮安全，在量上要求比较高。《中国的粮食安全》白皮书指出，党的十八大以来，以习近平同志为核心的党中央把粮食安全作为治国理政的头等大事，提出了"确保谷物基本自给、口粮绝对安全"的新粮食安全观，确立了以我为主、立足国内、确保产能、适度进口、科技支撑的国家粮食安全战略，走出了一条中国特色粮食安全之路。自 2010年以来，我国国民人均粮食产量未间断的超出全球认可的四百公斤粮食安全线。现阶段，人们早已经摆脱了物资缺乏的年代，开始关注吃得好，吃得安全，要求农产品是健康无公害的安全食品。新时代，要摆脱路径依赖，向农业要质量、要绿色。我国农业适应需求变化，向优质方向转变已见初效。到 2020 年化肥农药使用量零增长取得明显成效。大部分农村已有较好的基础设施条件，水、电、路、网等在农村覆盖且日益广泛，农村农业生产生活条件持续变好。农村贫困人口每年以近千万的速度递减，农民的生活水平不断改善。这些变化表明了乡村发展底子好，呈现出新面貌，乡村发展起点高了，为我们国家落实乡村振兴战略奠定了物质基础。

2. 新时代乡村发展出现新问题新矛盾

在全面建成富裕社会的过程中，农村最有可能会拖后腿。世界领域内，乡村发展滞后现象成为人们共同面临的一个难题。乡村的核心内容是"三农"，基于我国乡村发展现状，"三农"问题指进入工业化后期，城市现代化发展迅速，城市居民越来越富裕的 21 世纪，却存在着农村衰败、农业发展潜力小、农民增收难等问题。中国庞大的乡村人口决定了小康社会的成色与质量。我国社会主要问题突出表现在城市和乡村发展失衡，乡村自身呈现畸形发展态势。我国人口众多，农业是国家的经济基础产业，我国沿海发达区域，以及自然、地理位置、政策扶持优越的地方，农业现代化发展态势较好。我国西部山区及革命老区贫困地区，还是手工劳作的自给自足的传统农业，农业只满足全家的口粮问题，对一个家庭的收入几乎没什么贡献，家庭收入主要来源于务工收入。农业生产效率低，市场波动大，农业供给端的结构失衡问题突出，还未改变农业粗放发展方式，单位人工所支配土地有限，迫使部分青壮年外出务工。这又加剧了可耕地撂荒现象，有部分村民在这些撂荒土地上焚烧生活垃圾，造成生态环境的破坏，农业现代化发展进程缓慢，陷入了这样恶性循环的过程中。农产品供需失衡，供给质量无法达到人们的预期，产业结构也不太合理，市场竞争力弱，导致我国乡村发展越发艰难。农业农村部相关统计数据显示，2019 年，我国农产品进出口额 2300.7 亿美元，同比增长 5.7%。其中，出口 791.0 亿美元，减少 1.7%；进口 1509.7 亿美元，增长 10.0%；贸易逆差 718.7 亿美元，增长 26.5%。如今乡村主要靠剩余劳动力、自然资源优势获取收益。因此，从事农业风险大，体力劳动代价高，市场价格博弈能力有限，农业是弱势产业的局面很难改变。农村出现要素非农化、人口老龄化、农村空心化等问题。乡村基础设施和公共服务等公共产品投入短缺，农村生活条件远没有城镇便利。我国农村有能力的人单向流向城市，在农村形成了所谓"386199"部队。19 世纪 80 年代后出生的农民不了解传统的农业生产技术，也不会运用农具，更不会操作现代农业生产技术，农民适应生产力发展和参与市场竞争的能力越发显得欠缺。我国农村人口占比近半，农业生产总值在国民经济产业中占比逐渐降低，效率低下使得农民致富难。农村处于边缘地带，受自然生态环境的制约，单个村落的人口规模有限，现代大型的公共设施网络难以覆盖到乡村。小微腐败频发，一些支农惠农资金、扶贫资金并不能精准到达需要群体。农村生态环境比较恶劣，农村黑恶势力霸道横行，农村基层组织，尤其是党组织在农村呈现虚化、弱化的现象。农村安全网还未建牢，孝文化停留在宣传上，农村高价婚姻、宗教迷信盛行、不重视教育、重男轻女等不良习俗亟待解决。国家农业支持保护制度不完善，金融和财政支农力度不够，城乡间要素单向流动局面未扭转，城市和乡村互通有无，协调发展的难度还是比较大。上述这些困难阻碍着我国乡村的进一步发展。

自改革开放以来，尤其是十九大至今，我国经济社会发展取得的巨大成就，乡村发展的新特征新现象是实施乡村振兴工作的物质基础，也是新时代乡村振兴战略思想形成的实践基础。同时，我国乡村呈现的新问题新矛盾是新时代乡村振兴战略形成的现实背景。乡村振兴战略的产生是一个逐渐积累、逐渐丰富的过程，是对我国"三农"问题的认识不断深化与完善的基础上产生的。

二、我国乡村振兴战略的意义

近年来，各地区、各有关部门深刻贯彻党的十九大精神，按照乡村振兴战略的总要求，在改造农业供给侧上发力，取得一定成效。具体体现在培养农村产业、改善提高人民生活水平，抓好顶层设计等方面。

（一）顶层设计初具雏形

1．政策体系基本完善

根据中共中央，国务院关于实施乡村振兴战略的意见，各省市根据地区实际情况制定并实施了《关于乡村振兴战略的实施意见实施方案》。与此同时，各级政府继续加大了对农村的帮扶力度，大力扶持农业综合性企业，建立生产经营和管理体系，培育新型涉农产业，着重推进集约化机械化经营。根据农业林部 2019 年的数据显示，第一、二、三产业的整合促进农民收入增长加了67％。其中，农村电商从业人员超过有 2800 万人，而休闲农业和乡村旅游带动的人口超过了 1100 万。

2．责任体系的基本建立

到目前为止，各地县区一级政府已经完成了对下属各村镇人民政府的权力和职责调整，明确落实各村镇办事处机构的权力和职责，明晰其在实施乡村振兴战略实施中的主要职责。同时完善各级别责任体系，以专项活动办公室及领导小组为中心，落实促进涉农业产业发展过程中各部门的责任。在农业生产方面，继续落实了粮食安全生产责任制，自上而下层层签订责任状，把年度粮食生产计划分解落实到各个村镇，确保粮食生产安全的顺利进行。

（二）关键领域取得成效

各地认真落实乡村振兴战略实施方案，围绕乡村战略的主体目标，重点在产业兴旺、生态宜居、生活富裕等方面下功夫，目前已经取得了一定成效。

1．服务惠民取得成效

各地根据实际情况，建设有村级综合服务中心，向村民提供就业、社会保障、教育、卫生、文化体育、法律援助和农村基本公共卫生七个方面的服务。通过综合服务中心，农村民众公众可以从家门口享受到社会公共服务。全国超过 97% 的村级综合服务中心配备有计算机和打印机，并实现了网络覆盖，能够为民众提供优质服务。每个县的每个行政村都有一个就业社会保障服务窗口，覆盖率达到 100，为居民提供社会保障服务，这些服务结合脱贫工作，有力地促进了村民社会保障服务工作。

2. 建设美丽乡村取得了一定成果

（1）逐步发展清洁村庄

各地在农村地区建立了镇级垃圾处理中心到村级垃圾处理站的垃圾处理体系，能够回收处理乡村产业的垃圾，大大减少了农村废物污染，有效保护了自然环境。同时，绿色村庄试点的建设非常有效，试点建设的资金投入到位，示范点将带动更多的村庄保护农村环境。

（2）增加了生态村建设投资

自实施乡村振兴战略以来，各级政府一直坚持在农村地区建设生态村，在农村绿化建设上投入大量资金，通过植树造林，水污染防治和其他环境保护项目，使得农村生态环境大大改善。在农村生态建设方面的大量资金投入，在一定程度上促进了美丽乡村建设。

3. 在促进产业兴旺上取得初步成果

一是通过促进农村产业的转型和升级工作，打造了一批特产产业。根据"产业富民"工作方案，积极发展药材、花卉、果蔬、特色农业、水库农业等产业，在各地形成独特的种植业。乡村旅游业产业使乡村休闲胜地和休闲农场成为现实，带动了农业产业的发展和农民的就业。

二是积极鼓励教育、旅游、文化、养护和农业相关产业的深度融合，探索和发展新产业和新形式。最后，指导乡村建设优势特色产业，优化种植结构，建立优质家产品品牌；加快"三品一标"认证，在乡村中大力推广电子商务，建设具有规模、特色和优势的农业产业，重点建设和发展农业示范村、农业示范基地，再通过它们带动相关产业的发展。目前在乡村初步建立了"一村一业""一村一品"的产业发展布局，特色农业产业得到了快速发展，并取得了良好的经济效益。

（三）乡风文明及乡村治理得到改善

1. 农村文明建设有效

一是在文明试点村庄和城镇建设方面取得了很大成就。一些地区开始建设文明村庄示范点,通过示范点引导农村文明建设。例如,广西容县龙镇村就是一个典型。它是一个文明村庄建设示范点,通过倡导淳朴的民风民俗,保持良好的家庭作风,有效促进了村庄邻居融洽,相互帮助和相互支持,同时带动了村庄的基础设施建设,村民们自筹资金建立美丽公园和荷塘。目前,全村都以世代相传的家训作为自身的行为准则,营造出良好的乡风文明。政府文明试点村取得了显著成果。二是乡村务实之风流行。随着经济和社会的发展,许多农村地区的年轻人都在努力致富,很少有劳动力无所事事。

2.农村社会治理取得实效

首先,根据乡村治理工作计划,许多城镇和乡村针对色情和赌博、毒品、欺诈、邪教组织等犯罪活动进行了严厉打击,有效地提高了乡村治理效果。目前乡村出现重大事故及违法犯罪活动大为减少。同时针对乡村村民之间的纠纷,建立了调解机制,通过驻村书记和村干部积极调解村民之间的摩擦,民众安全感和满意度大大增加。其次,村民积极响应政府号召,通过演练活动提高自我保护的能力和意识,在一定程度上减少了受诈骗的风险,对于一些邪教组织也有了一定的辨别力。最后,在乡村法律的普及和美德宣传力度加大。截至2019年,各县区所有乡镇已基本通过海报等形式进行了法制普及。工作组进入各乡村向村民发放了宣传手册,积极为村民讲解法律知识。在执法方面,公正执法有序开展。在德治方面,积极推动农村道德模范和文明家庭评选活动,提高了农民道德和法律意识。

第二节 乡村振兴战略的科学内涵

一、乡村振兴战略的基本含义

乡村振兴战略坚持以城带乡,优先发展乡村,实现城乡融合发展的新局面。这一战略是新时代我国党和政府部署"三农"工作,决胜全面建成小康社会,建设现代化强国的重要安排,是以习近平同志为核心的党中央领导集体继承和发展马克思主义乡村发展理论,坚持以中国化的马克思主义乡村发展思想为指导,围绕我国"三农"问题,加快推进乡村发展的重要举措。

具体来讲,乡村振兴战略的提出是基于马克思恩格斯的乡村发展理论和我国历届领导集体的乡村发展思想,基于我们党对乡村发展现状形势、城乡关系演变趋势和现代化建设的重大判断。乡村振兴战略是我们党对"三农"发展理论和实践的重大创新，是习近平新时代中国特色社会主义思想的重要组成部分。

乡村振兴战略体现了我国社会发展进入新时代，党中央领导集体对"三农"工作更高的要求，表明了我国领导集体对新时代乡村要有大发展的决心和勇气。进入新时代，人民需要和国家建设需要都发生了相应变化。农业应是生态供给、绿色供给的主要承担者，农村作为五六亿人生产生活的居所，理应便利整洁，农业应是体面的职业，城乡居民收入更不应是两倍以上的差距。2020 年我国居民恩格尔系数为 30.2%，但是城乡居民恩格尔系数相差三个多百分点，乡村发展现状不符合人民的新期待。乡村振兴是新时代我国具有持久战性质的战略安排，明年全面建成小康社会时，我国乡村振兴战略相关政策体系要基本建立起来。我国规划了国家现代化建设的时间点，乡村振兴战略的阶段性目标与现代化建设预定的时间紧密衔接起来，国家现代化建设的分阶段的预期目标对农业农村发展提出了新要求。

二、乡村振兴战略的基本特点

（一）乡村振兴战略具有鲜明的时代性

乡村振兴战略是在新时代提出来的，是为了解决新时代的主要矛盾而实施的国家战略，是为了全面解决"三农"问题，加速实现中华民族伟大复兴和"两个一百年"伟大目标而提出的符合时代要求的重大战略部署。从乡村振兴战略的指导思想、基本原则、主要内容、振兴路径和实现目标中，我们可以看出，乡村振兴战略紧扣时代脉搏、紧抓时代主题、紧跟时代步伐、紧追时代方向，就如何打赢脱贫攻坚战、如何实现城乡融合、如何继承优秀乡村文化、如何协同农村经济发展和生态环境保护等现实焦点问题进行了现实回应，极具针对性和有效性，体现了其鲜明的时代性。

（二）乡村振兴战略具有高度的实践性

乡村振兴战略的提出，不是凭空产生的，是习近平总书记在不断的实践摸索中，在对"三农"建设经验的总结和升华中提出来的。从主政河北正定县，到主政福建省，再到主政浙江省，习近平总书记对"三农"工作的论述不断增多、思想体系不断成熟。

从在正定县提出"应当树立农林牧副渔全面发展和农工商综合经营的大农业思想""在自然规律中，生态平衡规律对经济建设、对农业发展的关系最为重大"，到在主政福建省时，提出"大农业"概念、强调"科技兴农"，加强对乡村集体经济的发展等；再到主政浙江省时，进一步加深并提高了"三农"工作重要性的认识，并认为要解决"三农"问题，就要全面协调城乡发展最终实现"虽有城乡之别，而少城市之差"。十九大以后，习近平总书记有关对"三农"工作的阐述更加丰富和发展，范围更广、内容更全、内涵更深。在实践过程中，乡村振兴战略不断丰富完善发展成熟，实践为乡村振兴战略的提出奠定了基础，这正是对理论来源于实践最好的证明，体现了乡村振兴战略高度的实践性。

（三）乡村振兴战略具有广泛的人民性

从中国共产党执政为民的理念出发，之所以实施乡村振兴战略，就是要解决城乡居民收入差距越来越大、农民增收致富越来越困难这个现实问题。城乡居民收入差距越来越大这是不争的事实，即便是在农村，农民与农民的发展差距也很大，乡村振兴战略的实施就是为了让农民持续增加收入，彻底摆脱贫困。从乡村振兴战略的实施过程看，振兴的主体是农民，振兴过程中要依靠的主要力量也是农民，农民在乡村振兴战略的实施过程中，不可缺少，不可替代，不容忽视。从乡村振兴战略要实现的最终目标看，最大的受惠群体也是农民，最终实现的是农民致富。

从实现农民富裕的历史意义上来讲，只有实现农民富裕，才能真正实现中华民族的伟大复兴。从农民中来，到农民中去，在我国农民占总人口一半以上的现实情况下，实施乡村振兴战略代表了最广大人民的心声，维护了最广大人民的利益，是其广泛人民性的鲜明体现。

（四）乡村振兴战略具有强烈的科学性

从指导理论的科学性上来讲，乡村振兴战略是在马克思主义基本原理的指导下提出来的，马克思主义是被历史和实践证明了的科学的理论。从自身理论的科学性上来讲，乡村振兴战略是中国化的马克思主义理论，继承了中国优秀传统文化中重农思想的基因，继承了中国共产党自建党以来在农业农村农民工作和实践探索中的经验，这些继承的思想基因是被实践证明了的科学的"三农"指导思想。从实践的科学性上来讲，在建设中国特色社会主义伟大实践中，历届领导集体对我国"三农"工作的实践探索，都是基于对我国国情的准确把握，为乡村振兴战略的提出提供了科学的实践经验总结；当前，乡村振兴的伟大实践，是中国共产党加速推进伟大工程的科学决策，实施乡村振兴战略，既能解决重大现实问题，又能加速实现伟大事业。从理论到理论，从理论到实践，从实践到实践，体现了乡村振兴战略强烈的科学性。

（五）乡村振兴战略具有全面的系统性

从乡村振兴要振兴的内容看，乡村振兴是乡村全面的、全方位的振兴，是农业农村农民整体的振兴，既要求同步统筹乡村"五位一体"发展，又要协调与农业、农村和农民发展相关的各个环节，不允许孤立任何一个部分，不允许忽视任何一个环节；要全面系统地处理好乡村的产业、文化、组织、生态、基础设施、公共服务等的振兴关系，以实现乡村的全面振兴；从乡村振兴战略实施的过程看，实现乡村振兴，不是一蹴而就的，而是一个系统的、长期的过程，从国家的乡村振兴规划就可以看出，乡村振兴有短期目标还有中长期目标，并且强调要注重振兴过程的系统性，扎实走好乡村振兴的每一步。从振兴内容的全面性到振兴过程的系统性，体现了乡村振兴战略具有全面的系统性。

三、乡村振兴战略的主要目标

乡村振兴战略是新时代破解农业农村现代化发展不足的国家战略，是实现乡村全面发展的系统工程。我国实现现代化，必然要求农业朝现代化商业化发展，农村繁荣昌盛，农民乐业乐居。党的十九大报告预设了实现现代化的时间表和任务。2017 年中央农村工作会议规划了乡村振兴战略的时间点和目标，到21 世纪中期，也就是新中国成立一百年，要实现农业农村现代化，明确了这一战略的主要目标。

（一）要坚持农业农村优先发展这一总方针

我国农业农村发展的历史定位随着经济的发展，阶段性的发生变化，彰显了我党坚持实事求是的工作作风。世界发达经济体现代化进程经历了工业化、城镇化、农业现代化和信息化的发展过程。发展到现在的水平，历时 200 多年。我国现代化快速发展也是在改革开放之后，我国可以吸收和借鉴发达国家的一些发展经验。根据我国具体实际，起先规定工业化、城镇化发展过程中，同步促进农业现代化；之后，在此基础增加信息化，要求"四化"同步发展；到现在的优先发展农业农村。要把"四个优先"落在实处，在人力、财力、物力和公共服务上优先考虑乡村，加快补齐乡村发展短板，以乡村全面发展来解决城乡发展差距问题。

（二）要建设现代农业体系，推进农业现代化

农业现代化是进行时，始终处于运动过程，不同发展阶段有不同的要求和

任务。目前，要根据各地的资源条件、经济发展水平来改变农业结构，促进农业转型升级，产业协调发展，建立顺应市场要求的现代化农业产业体系；运用现代先进的科学技术和制造精良的农业机械产品发展农业，将种子培育技术、互联网技术、滴灌喷灌技术、防晒网防虫网技术等渗入农业，打造现代农业生产方式。小农生产长期存在是我国农业生产的基本现实，要培养整体素质较高，会使用现代化的农业科学技术和先进的农用机械装备，具备较强市场竞争力的新型职业农民，健全针对小农户的各类服务体系，探索以服务规模带动经营规模；在一些地域广袤且平整的区域，如东北平原、华北平原、新疆部分区域可以发展规模经营，要培育符合新时代农业发展要求的经营主体，发展大农业。因地制宜选择农业发展模式，建设现代化多样性的农业经营体系。

（三）要推进农村现代化，缩小城乡差距

农村现代化的具体标准和乡村振兴战略的总要求内容上是一致的。产业兴旺和生态宜居是乡村发展过程中看得见摸得着的变化，乡风文明和治理有效是乡村发展过程中乡村氛围的改善，生活富裕是现代化农村要达到的目标。乡村主要的产业是农业，传统农业对自然资源、地理位置等依赖性较强。人作为生产力中最活跃的要素，可借助先进的技术和交通条件的便利，弥补一些不可抗因素对本地经济发展的牵制。由于农民自身的局限性，乡村发展就需要有带头人，基层干部队伍是农村突破先天劣势，带领乡村发展的主要人才支撑。培育一支新型的"三农"工作队伍，带领农民发展农业，管理农村，使农村成为宜居宜业宜游的美好家园。

四、乡村振兴战略的关键环节

新中国成立以来，由于经济政治等各方面原因，我国城乡呈现分离和对立的状态。进入 21 世纪，我们党开始统筹城乡经济社会发展，之后致力于形成城乡发展一体化格局，破解"三农"问题，再到目前的建立健全城乡融合发展体制机制和政策体系。乡村振兴战略主要是针对我国目前部分乡村发展落后，城乡发展差距过大的现状作出的战略决策。

突破点在于打造城乡资源要素双向流动的格局，形成工农业优势互补，相互促进的发展态势，形成城市为乡村提供工业品，乡村为城市提供生态产品，城乡各取所长，相互补充，共同繁荣的新型工农城乡关系。习近平总书记强调，解决城乡分离与对立的现状，关键是促进城乡要素公平交换，力促城乡基础设

施和公共服务趋向均等化。

一方面，要稳步推进城镇化，继续把农村多余劳动力有秩序地迁移到城镇就业和安家。发展特色小镇是融合城乡发展的一个重要路径。由于我国国土面积辽阔，且地方资源分布差异明显，经济基础也不一样，如果按照马克思恩格斯提出的"乡村工业化""乡村城市化"路径振兴乡村的话，成本太大。就我国的国土及地形资源现状来看，农村工业适当聚集在城镇，可节省产业发展所需要的基础设施方面的投资，并带动第三产业发展，使城镇成为乡村的经济文化中心。特色小镇依据本土资源优势，类型多样，有因资源、地理位置、政策、人才等方面占据优势，经济发达，形成村域城镇化；由于工业化和城市化的发展，乡村人口转为城市人口，致使乡村人口外流，房屋空闲率提升，村庄逐渐减少。另一方面，要把农业农村的发展放在优先位置，改善乡村经济社会发展水平。城市化和城镇化是拉动乡村发展的重要力量，也是社会现代化的一个重要指标，没有乡村自身发展能力的提升，城市化和城镇化就缺乏支撑。振兴乡村，要保障农民的基本发展权利，促进城市和乡村的配套设施和公共服务趋于相近。在日常工作中扩大公共财政投入农村的力度，缩小城市和农村的距离。

五、乡村振兴战略的总体要求

（一）产业兴旺是乡村振兴的基础

产业兴旺之所以成为乡村振兴的基础，是因为农村经济的持续稳定发展、农村社会的和谐进步、乡村生态文明的持续改善，需要高质量的产业发展为其提供强大的经济基础；乡村的文化振兴、组织振兴、人才振兴也需要产业发展为其提供物质保障，乡村产业的兴旺发展为乡村全面振兴提供经济基础和物质保障。

同时，我们要深刻地认识到，乡村振兴实现的产业兴旺是有质量的兴旺、有效益的兴旺，是在农业全要素生产率提高，在农业创新力和产业竞争力提高的基础上实现的保证国家粮食安全，农业结构优化型的高质量农村产业发展。产业兴旺不仅只是农业的兴旺，更是农村三大产业融合的兴旺。将农业生产融入农村产业发展，农民不仅仅是农业生产中的一环，更是产业发展中不可缺少的重要环节；农业发展不仅体现在粮食产量的稳定增加，更体现在农业结构的进一步优化完善，农业的产业链得到延伸、农业的价值链得到提升、农民的利益链得到完善，更加突出农业发展的绿色化、特色化和品质化。

要重视乡村产业发展兴旺的重要性，产业兴旺的基础性地位，决定了发展乡村产业，必须要稳扎稳打以打好乡村振兴的基础，基础牢固则发展稳定。

（二）生态宜居是乡村振兴的关键

良好生态环境是实现生态宜居的保证，良好生态环境的意义，不仅仅体现在"宜居"上，从其历史发展的角度看，在横向维度上，良好生态环境是同代人的公共产品，良好生态环境不仅只是城市居民的专属，农民同样需要良好生态环境，城乡居民每个人都公平享有享受良好生态环境的权利，在纵向维度上，良好生态环境也是后世人的公共产品，后世人也享有享受良好生态环境的权利，这是良好生态环境"作为最公平产品"的具体体现。从良好生态环境的民生意义的角度看，治理好改善好维护好良好生态环境，既是解决人民关注的民生问题的重要途径，也是实现可持续发展的重要保障，民生问题的解决根本上需要良好生态环境的保证，没有良好的生态环境也就失去了生存和发展的基础，这是良好生态环境"作为最普惠民生福祉"的具体体现。

要充分认识到，乡村生态宜居从根本上来讲就是要改善保护好乡村的生态环境，这是实现乡村振兴的关键所在。具体体现在两方面的要求，一是农村生态环境的保护和治理，农村不是城市的垃圾处理厂和工业废品的排放地，乡村振兴要贯彻新发展理念，要坚持绿色导向和生态导向，绝不可以以牺牲环境、破坏资源的方式实现乡村发展；二是对农村农民生活设施和生活环境的改善，农村不仅是农民的生活居住地，还要成为城市居民的"桃花源"圣地，要实现城乡互通开放，让生态乡村、宜居乡村成为人民美好生活环境的向往之地，成为"绿水青山就是金山银山"的富裕之地。

（三）乡风文明是乡村振兴的重点

在参加十三届全国人大一次会议山东代表团的审议发表的讲话中，习近平总书记强调，"以社会主义核心价值观为引领"，通过"挖掘优秀传统农耕文化"的方式"培育文明乡风"，有利于"改善农民精神风貌"，实现"乡风文明"。

乡村振兴战略中对乡风文明的要求，本质上就是实现乡村文化的振兴，农村文化的繁荣将为农村经济社会发展提供强大的精神动力；同时，农村文化繁荣，将促进农民科学文化素质和思想道德素质的显著提高，这也是乡风文明对实现乡村振兴最重要的体现。农村是我国农耕文化的发源地，乡土社会孕育了优秀传统文化，乡风文明建设，就是要处理好工业文明和农耕文明的关系，继承好发扬好优秀传统文化，在乡村的土壤上，实现传统乡土文明和现代文明的共融，这也是农村文明区别于城市文明的关键所在；另一方面，乡风文明建设，要注重对农民的思想道德素质和科学文化素质的培养和提升，以实现农民精神风貌的改善和综合素质的提升，为农村高素质职业农民队伍建设奠定基础。

（四）治理有效是乡村振兴的保障

治理有效，意味着政令畅通、民生和谐。从乡村振兴的现实需要的角度，治理有效的实现，依赖于乡村社会治理体制的建立和完善，而有效的乡村治理体制和机制是乡村振兴实现的最基本也是最重要的组织保障；有效的乡村社会治理体制，是实现乡村社会安定和谐、农民幸福有序生活的制度保障，农民的政治权利和民生权利都是在有效的乡村社会治理体制中实现的，农民对更好教育资源的诉求、对更好社会保障的诉求、对更公平正义生活环境的诉求都需要有效的乡村社会治理体制的保障。

乡村"治理有效"的体现，一是乡村各级治理组织的融合，即乡村多元治理主体的积极参与和有效协同，既包括党组织、各类政府组织，还有各类农民自治组织，这是乡村治理的基石，乡村治理的有效实现，依赖于乡村治理组织的积极参与、有效融合和高效协同；二是治理手段的多元化，要区别于城市社会治理，农村治理手段要更加多元化和乡土化，要以自治为基础，法治为保障，德治相辅佐，通过自治、法治、德治"三治合一"的多元化治理手段，实现低治理成本上乡村治理的有效性和可持续性。

（五）生活富裕是乡村振兴的根本

要充分调动广大农民参与乡村振兴建设的积极性，最根本的就是要让农民看到乡村振兴的希望，通过乡村振兴，可以改善生活条件，享受到发展的成果，一步步走向富裕的康庄大道。只有让农民真正实现生活富裕，农民才会真正主动参与到乡村振兴建设中，发挥其作为建设主体的能动性，才能实现真正意义上的乡村振兴。

实施乡村振兴战略根本要解决的问题，就是要消除农民的贫困，而最终要实现的目标就是要持续实现农民增收，直至达到生活富裕，这是实施乡村振兴战略的民生目标。一方面，对"生活富裕"的理解不能仅仅停留在物质财富的增加上，如消除贫困，收入增加；生活富裕还体现在精神财富的增加，具体体现在受教育程度的提高、生活质量不断提高、家庭和睦、社会和谐等影响农民幸福生活的各个方面。另一方面，"生活富裕"体现在不断缩小城乡居民收入和社会保障的差距，实现城乡居民共享发展成果，共同富裕，从这个意义上说，生活富裕是乡村振兴战略的根本。

六、乡村振兴战略的基本路径

（一）坚持走城乡融合发展之路

走好城乡融合发展之路，要坚持做好两方面的工作，一是要将"以城带农"落实到具体措施上，我国乡村发展的现状决定了，没有城市的支持、没有工业的反哺、没有政府政策的倾斜，乡村就实现不了振兴，在乡村振兴的起步阶段，要持续加大"以工促农"的力度，不断加大对农村基础设施建设投入，如加大对道路改造、生活环境改善、教育设施提升等方面的投入，补齐历史欠账，补足农村投入短板；二是要处理好城市和农村的发展关系，大力推动城乡发展要素资源互补流动，农村不再仅仅是城市的附属，是城市发展的资源供给者，要让城市的人才要素、技术要素、资金要素源源不断地流入农村，为乡村振兴提供要素支撑，实现城乡在发展政策支持、资源要素流动、社会服务保障的一体化，以此加快实现农业现代化，进而实现四化同步快速发展。

（二）坚持走人民共同富裕之路

对传统意义上的农民来说，土地是唯一的财富，走共同富裕之路，最根本的也是最基本的，必须保证农村土地承包关系稳定，农民有地，心里不慌。要坚持发展并壮大农村集体经济，实现农业产业化经营，让农民不出村，就能实现自主择业和创业，进而实现农民稳定持续增收。走人民共同富裕之路，要坚持发展成果人民共享，我国社会主义建设取得的伟大成绩，离不开亿万农民的伟大贡献，要不断加大对农村生活设施的改善力度，提高农村低收入人群的保障水平，以缩小城乡公共服务水平的差距，让农民能够便利地享受到各种惠民便民举措。

（三）坚持走质量兴农强农之路

我国已经成为农业大国，并在逐步向农业强国转变，虽然农业生产总量很大，但是农业发展质量和农业生产率有待进一步提高。走质量兴农强农之路，重点要在质量上下足功夫，要深化农业供给侧结构性改革，延长农业产业链，构建农业生产三产融合发展体系，以提高农业的价值链，这是提高农业发展质量，实现农业可持续发展的关键。同时，要积极引导农业生产向品牌化、专业化、合作化转变，通过发展农业生产合作社、"互联网＋现代农业"、农业生产机械化智能化，提高农业生产效率，提高农业生产的投入产出比，推进农业从增产向提质转变。

（四）坚持走乡村绿色发展之路

中国的乡村振兴必须坚持绿色发展，绿色发展理念要贯穿乡村振兴战略实施的始终。在实施乡村振兴战略的现阶段，首先要治理好维护好农村当前的生态环境，对已经造成的环境污染和正在产生的环境污染，要坚决治理好，不能以牺牲环境为代价，实现农村经济发展。同时，要积极引导农民树立环境保护意识，要充分认识到保护好农村生态环境对农业可持续发展的重要性，让农民自觉维护好乡村的环境，在农业上实现清洁生产，减少化肥农药的使用，自觉保护好山水农田湖。

（五）坚持走乡村文化兴盛之路

走好乡村文化兴盛之路，必须要继承好和发扬好中国优秀传统文化，这是农村文化建设必须要坚持的重要方面，通过加大对农村文物古迹、传统技艺等保护力度，实现对农村优秀传统文化的保护和传承。另一方面，要通过加强对核心价值观的宣传力度，引导农民树立正确的价值观，以加强农民的思想道德建设，增加农村文化产品供给，例如设立乡村书院、乡村图书馆、文化活动下乡、农村文化大讲堂等形式，提高农民的文化素质，进而提升农民的精神风貌，实现乡风文明。

（六）坚持走和谐乡村善治之路

走乡村善治之路，实现乡村善治，首先要坚持党的领导，不断加强农村党建建设，尤其要不断加强对乡村领导干部的培养，提高其组织领导能力，为乡村振兴带好头；要鼓励农民成立各类自治组织，通过设立红白理事会、村民理事会、乡贤理事会等各类理事会，引导其积极主动参与农村治理，实现村民自治；要不断加大对农民的普法力度，让农民树立法治意识，学法、懂法、守法，通过制定完善村民自治章程和规范完善村规民约，将法治和德治进行有效结合，让农民看得懂、学得会、做得好，真正走好乡村善治之路。

（七）坚持走中国特色减贫之路

在对人民扶贫、实现贫困人口脱贫这项工作上，我们已经取得了令世界瞩目的成就，并进入了贫困人口全面实现脱贫的最关键时刻，走好中国特色减贫之路，要重点做好对贫困地区和贫困居民的精准扶贫、精准脱贫工作。物质脱贫不是结果，要将脱贫放在提高贫困居民精神财富上，实现扶贫同扶志、扶智相结合，提升贫困人口的精神风貌。走好中国特色减贫之路要形成政府主导、社会参与、持续有效的工作机制，要充分调动社会各界力量参与扶贫工作的积极性，全员动员，贡献力量，脱贫攻坚既要解决当下贫困人口面临的问题，更要形成反馈机制，对脱贫人口有较长时间持续的关注。

第三节 乡村旅游的基本经营模式

一、分散、自主经营模式

对自己拥有所有权的东西，自己进行经营，而不再通过委托代理、租赁等方式交给其他人或者其他组织经营，也就是说所有权和管理权是合一的，自己的东西自己管理，自己经营，这就是自主经营的思想。具体到乡村旅游的自主经营，就是由乡村旅游资源的所有者来直接经营，在自发的基础上，由各个业户以单体业户为单位，分散地自主经营，项目的所有权、经营权合一，而不再通过委托或者租赁等方式交给外来企业经营。这样在一定程度上减少了由于所有权和经营权分离而导致的委托代理问题以及由此产生的一系列纠纷。其表现形式往往是在一个村庄，由许许多多的个体业户各自经营乡村旅游业务，一般是提供餐饮、住宿或休闲、娱乐服务，业户多了，则由小业户形成大组群，使乡村旅游在这个地区（乡村）形成气候，而村庄一般没有统一的乡村旅游管理机构。

二、"社区＋公司＋业户"模式

"社区＋公司＋业户"模式是"公司＋业户"的一种提升或改进模式。"社区＋公司＋业户"模式中的"社区"是指作为社区代表的乡村旅游协会，由全部乡村旅游经营业户参加，一户一名代表，其职权相当于旅游公司董事会，决定村内一切有关乡村旅游开发的重大事件、任命并考核、监督旅游公司管理人员、审查财务状况等。"公司"是指的村办企业，而不是外来企业，它要接受协会委托，具体负责本村乡村旅游的经营业务，包括基本设施建设、对外营销、接待并分配游客监督服务质量、定期与经营业户结算等。"业户"作为具体的服务单元，接受公司的安排接待游客，并定期与公司结算。

这种模式的特征表现在：一是社区、公司、业户三者职责明确，利益分配均衡。社区或者说乡村旅游协会采取措施，给予乡村旅游开发以引导和支持，公司主要负责选择项目，设计旅游产品。业户是生产者，负责生产高质量的旅游产品，提供优质的旅游服务。三者职责明确，相互配合。在利益分配上能够充分保障经营业户的收益。二是社区、公司、业户之间相互制约的关系保证了经营机会的公平与均等。三者之间存在一种相互制约的关系，相当于董事会的乡村旅游协会可以监督公司管理人员，而公司管理人员通过对业户经营实行规范化管理来保障旅游产品的质量，这种相互制约的关系既保证了管理人员的公平性，同时也保证了乡村旅游产品的质量。三是经营管理的规范化、标准化，业户如要从事经营，需要按照公司规定的标准进行房间的装修和改造，并要通过公司的检查。团队、会议、散客的预订、接待任务等，统一由公司负责，此外，在采购、结账、菜单设计等方面，也采取统一管理。

第四节　乡土文化与乡村振兴战略的互动逻辑

一、乡土文化的内涵

（一）文化

文化是人们生存与生活的表达。西方语言中的"culture"，在初期主要是指耕耘、种植和栽培之义，后来引申为对人的品德教养和性情陶冶。而中国的"文化"从一开始是指"以文教化"，它专注人的精神修养。孔子曾言"周监于二代，郁郁乎文哉"，从文化角度推崇周朝的典章制度；以"质胜文则野，文胜质则史，文质彬彬，然后君子"，表达人素质养成的自然禀赋和后天修为的关联，这里的"文"已经有了"文治教化"的文化的意味。

文化科学奠基人泰勒认为："文化，或文明，是作为社会成员的人所掌握和接受的，包括全部的知识、信仰、艺术、道德、法律风俗以及任何其他的才能和习惯的复合体。"著名社会学家费孝通认为："'文化'指的是一个民族，或者群体，共有的生活方式与观念体系的总和。"他把文化分为三个层次，一是器物层次，包括生产工具、生产条件等；二是组织层次，政治组织、生产组织、国家机器等；三是精神层次，主要是指价值观念。

可见，文化是人的文化，它融入人类生活的各个层面。在此采用广义的文化内涵，即文化是一个国家、一个民族或一个群体在各类实践活动中创造的物质文化和精神文化的总和。

（二）乡土和乡土社会

"乡土"一词在《辞海》中解释为"家乡、故乡"，它稍区别于农村和乡村，具有更宽广和更厚重的文化特征。首先，"乡村"较之"农村"具有更完整的内涵和文化意涵。就地域空间而言，农村和乡村可以等同。但由于种种原因，在提及农村时，人们总是会有将其与"贫穷、落后、封闭、脏、乱"等与表达联系在一起的片面认知；但在提及乡村时，则会联想到乡村自然风光、趣意盎然的民间风俗、闲适惬意的日常生活等。就像现在，用"乡村振兴"而不是"农村振兴"，用"乡村旅游"而不是"农村旅游"。"乡村"，更具有包括经济、政治、社会、生态和文化的完整内涵，更能体现文化意涵。正如梁漱溟所说，乡村是中国社会的基础和主体，中国的文化、法制、礼俗、工商业等无不"从乡村而来，又为乡村而设"，中国以乡村为根基，以乡村为主体，发育成高度的乡村文明。其次，"乡土"较之"乡村"，则又具有更宽广和更厚重的文化特征，"乡土"二字更能突出乡村的文化底色、人文情怀的乡土性。就如人们用"乡土情结"代替"乡村情结"、用"乡土观念"代替"乡村观念"、用"乡土风俗"代替"乡村风俗"、用"乡愁"代替"村愁"。在乡村振兴视角下，乡村文化振兴要关照和关怀乡村的全面长远的发展，就需要重视能体现乡村文化底色、人文情怀、文化气质和文化尊严的乡土传统文化。

乡土，不只是外在空间的表达，更是内在生活的表征。著名社会学家费孝通指出，"从基层上看去，中国社会是乡土性的"。他将中国社会性质断定为乡土社会，而构成中国乡土社会的基础单位就是村落，从三家到几千户的大村，为以农耕为主的农业文明所造就。传统乡土社会的人，几乎是附着在土地上的，一代一代下去，被土地所牢牢束缚住，难以脱离土地，从而使得家族聚居，人与土在空间上的不流动成为中国乡土的常态。因此，乡土社会的生活是富于地方性的。"这种地方性的限制使得乡土社会成为没有陌生人的'熟悉'的社会"，可称之为"熟人社会"。在地方性的封闭的"熟人社会"里，维持乡土社会秩序时所用的力量，不是法律而是规矩，"规矩是习出来的'礼俗'，而维持'礼'这种规范的是传统，传统是社会积累的经验，是乡土社会一代一代积累出来的帮助人们生活的方法。如家族的宗法家规、乡村乡规民约和伦理道德、处理人与自然关系的价值观念等，这些方法，通过上一代的教化传给下一代，使得乡土社会秩序得以维持，乡土社会也被称为"礼治社会"。乡土社会具有"熟人

社会""礼治社会"和"伦理本位"的社会结构模式，具有乡土性、封闭性和保守性的特征。

（三）乡土文化

那到底如何界定乡土和乡土社会之上的乡土文化呢？关于乡土文化的概念，学者们依据学科和研究的面向不同，做出了许多不同却十分充足有用的界定。朱方长等认为乡土文化的本质是农业文化，是特定区域的共性文化积淀，如语言、知识、习俗、信仰、宗教、时间概念、空间关系、宇宙观等文化因子，广义上还包括了各种观念形态物质化的实体因素。胡映兰认为，乡土文化就是在乡村中的长期共同生活里所形成的，以乡村特有的、相对稳定的生活方式观念体系的总称。艾莲认为，乡土文化是由包括乡村山水风貌、乡村聚落、建筑、民俗工艺品、民族服饰的物态文化，包括民族民间传统文艺表演、传统节日的行为文化，包括乡约、非正式组织、非政府组织、非正式制度的制度文化，包括宗族文化、宗教文化、孝文化的精神文化四个层面。可见，学者们对乡土文化既有专注于精神层面的狭义解释，也有囊括精神文化和物质文化的广义解释，为乡土文化的概念确定提供了思路。

基于对文化的认识，对乡土、乡土社会的理解，界定乡土文化为：在乡土社会里，人们在长期的农业生产实践和共同生活实践中逐渐形成和发展的，集乡土物质文化、乡土表现文化和乡土规范文化于一体的综合文化体系。可从以下三个层面理解乡土文化的内涵。

一要理解乡土之上的乡土社会是乡土文化的生存空间。乡土社会为乡土文化的产生和发展提供了地理环境因素，人口因素、经济因素和社会结构因素，架构起乡土文化的生存空间。首先，乡土地理环境是人们赖以生存、获取生产和生活资料的基础，它在很大程度上决定着人们的生产方式和生活方式，进而沉淀出区域自身的文化形态。其次，在中国民族广袤的多样的山川田野之上，人们择地聚居、春种秋收、世代延续，形成了农耕自然经济，这种低水平的、单一的、落后的经济生产方式和经济结构，使得农民很难突破"自给自足"以延续生存的生产目的，使得土地成为农民的安身立命之本，形成生于斯、长于斯、死于斯的土地情结和安土重迁的文化心理。最后，乡土社会的"熟人社会""礼治社会"和"伦理社会"的社会结构模式，使得家族文化、礼治文化等得以生成。当然，在漫长的社会生活中，富有乡土气息和气质的乡村聚落、乡村建筑、民风民俗、民间工艺文艺、生活方式等不断形成、累积和发展。

二要理解农民是乡土文化的创造主体和传承主体，是乡土文化的"人脉"

所在。文化是人的文化，人是文化的人。首先，文化是人的文化，文化是人参与创造的产物，凡是文化，必定与人的参与有关。乡土的自然地理环境之上，其经济结构、社会结构和文化生成，都离不开农民的生存实践和生活实践的，离开人的实践，乡土文化不可能产生。乡土文化，就是在以农民为主体的生产实践和生活实践中形成的文化，在一定程度上就是人化，是"以人化成"的文化。乡土文化的根在农民，农民是乡土文化的创造主体。其次，人是文化的人。乡土文化形成后又反过来赋予农民文化内涵，使得农民成为乡土文化的"活载体"，伴随着农民生产实践和生活实践的不断变化和发展，原有的乡土文化也在不断地传承和革新。所以，农民也是乡土文化的接受者和革新者，是乡土文化的传承主体。

三要理解集乡土物质文化、乡土表现文化和乡土规范文化于一体的综合文化体系，是乡土文化的"文脉"所在。

一是乡土物质文化，主要是指乡土文化依附的物质载体，主要包括乡村风光、乡村聚落、传统建筑、农业生产工具、农业遗迹等。如山西平遥古城古民居、福建客家土楼、寺庙、灌溉工程等，这些相对静态的景物、场景和物体可以传递出本身所沉淀的历史、固有的内涵和文化意义。

二是乡土表现文化，是指通过乡土语言、声调、姿势和图像色彩等体现或表现出来的动态文化，主要包括民风民俗、传统节庆、民间传统工艺、传统文艺表演、农耕方式、生活方式等。如云南纳西族东巴文化，庙会，祭祖；端午、中秋、傣族泼水节、彝族火把节；川剧变脸、皮影戏、黄梅戏、舞龙、舞狮；各地方婚丧嫁娶的习俗等。乡土表现文化是乡土文化最为活跃的文化医子，具有生动性和强感染力。

三是乡土规范文化，主要包括乡规民约、宗法家规、伦理道德、惯例习俗、社会舆论和价值观念等，在此概括为三个大的方面：以血缘为基础的宗族文化、乡村"依礼而治"的礼治文化、人依附于土地的安土重迁文化。乡土规范文化是内生于乡土社会的"礼"和"传统"，是乡村社会的精神内核，它"以文教化"，以文化人、以文化社会，维系着社会秩序，构建起乡土社会的精神家园。

二、乡土文化的特征与价值

（一）乡土文化的特征

1．乡土文化具有乡土性和封闭性

农民"耕读治家，以农为本"的靠土地吃饭的单一谋生方式，以及这种方式的稳定性，构建起人与土地一种的超过实用性的亲密关系，农民生于、长于、死于这种不流动的、稳定的地域空间。一方面，就是这种不流动的、稳定的地域环境里，乡土文化面对土地、适应土地生长出来，具有区别于现代城市文化的深厚的乡土气息和乡土品格，乡土性是乡土文化最为核心的本质特征。另一方面，也正是由于乡土文化这种依附于土地的地域性和乡土性，使得"他们活动范围有地域上的限制，在区域间接触少，生活隔离，各自保持着独立的社会圈子"，使得农民心理、风俗、习惯和性格上的封闭性产生，造成了乡土文化的封闭性。

2．乡土文化具有独特性与多样性

一方水土一方人，一方地域一方文化。不同地方的乡土文化形式内涵各有不同，从民居到服饰和饮食、从语言到民俗等，正所谓"十里不同风，百里不同俗"。我国幅员辽阔，各地自然条件千差万别，形成了各具特色并有深厚历史传统的大地域文化圈。从城乡文化的关系来看，乡土文化与现代城市文化的差异性，更加强化了乡土文化的独特风格和独特价值。而乡土文化的多样性，主要是由各区域乡土文化的独特性、不同区域乡土文化的差异性，以及我国的多民族特征造就的。

3．乡土文化的传承性与发展性

一定的文化总是一定的社会历史的产物，是由一定的经济和政治决定的，它不是一成不变的，会随着社会物质生产的发展而发展。首先，乡土文化所有特征和内在品格都不是一蹴而就、朝夕之间形成的，而是在乡土社会漫长的历史进程中，在乡村共同体的认同下，一代又一代人沿着时间的不断传承和向前推进。乡土文化的发展是一个生成、累积，在积累基础上创新的过程，具有传承性特征。其次，也就是在这样的传承中，因时代的发展和乡土社会的变迁，乡土文化自身内在精神和外在形式都有了一些调整和变化。有些文化因不合时宜成为文化糟粕被抛弃，有些文化因价值愈发深厚和凸显而焕发出强大生命力，

所以，乡土文化是有一定适应性和发展性的文化。

（二）乡土文化的价值

作为特定乡土区域的文化积淀，乡土文化记录着乡土社会的发展轨迹和特殊性，承载着中国几千年农耕文明的历史和传统，是中国人独特生命样式的基本背景，是中国传统文化多样性和原生态的文化底色，是中华民族文化的基因，更是中华民族精神信仰的母体和心灵托付。这是乡土文化的文化价值的体现。除此之外，乡土文化的价值还体现在以下几个方面。

1. 乡土文化的秩序规范功能

乡土文化的秩序规范功能依附于乡土社会的内在社会结构模式，即"熟人社会"和"礼治社会"。传统乡土社会是由家庭、家族和村落等群体构成的，在血缘的亲情和地缘的乡情的联系下，形成了大致一体的生活方式和彼此熟悉的生活共同体，并在此基础上形成了具有共同的价值伦理、惯例习俗和社会舆论的礼治社会。在这样的社会人际关系中，并不需要法律制度的规定，人们就知道伦理边界在哪里，而且没有人愿意随意越界，破坏既定的秩序而承受道德的惩罚和舆论的谴责。这些共同的价值伦理、惯例习俗和社会舆论等，上一代人认为是有效的就教给下一代人，成为下一代人生活的方法指南，成为传统，按着传统去做就是有礼的。"礼，是合适的路子，是经教化过程而成为主动性的服膺于传统的习惯。"乡土文化，主要是乡土规范文化，就是在这样长期潜移默化自发性教化中，教给人们乡土知识和技能，培养和规范人们的行为方式与习惯，有效调节人与自身、他人、社会和自然的各种关系，从而实现稳定的、内聚的、带有传承性的道德秩序的建构。站在现代法治视角上看，这种具有强烈地域性和血缘关系的规范文化带有封闭保守、排外和小"群体主义"等局限性，但不可否认它有着深厚的社会基础，符合农民的内在心理需求，起到了维系乡民关系、规范乡村秩序、促进乡村和谐的基本功能。在乡村建设不断推进的今天，许多因素依旧显示出强大的生命力，这可以是当下乡村振兴背景下推进乡村治理有效可思考的一个方面。

2. 乡土文化饱含着生态智慧

乡土文化作为从土里长出来的文化，这个"土"是农民赖以生存和发展的基础，也是乡土文化的生长土壤及其乡土性本质特点所在。在传统农业生产中，农民是依附于土地的，"靠天吃饭"的思想一直深深根植于内心。他们择土而居、聚族而定，日出而作，日落而息，辛勤劳作、亲近自然、守护家园，对乡

土有着深层依赖和深厚情感，能够自觉尊重并发自内心的去保护赖以生存和生活的自然地理环境。在长期的生产实践中，人们摸索出自然条件与气候条件的规律性，形成了"春种、夏耘、秋收、冬藏""取物以顺时""取之有时，用之有节""节用爱物""取之于土，归之于地""人法地、地法天、天法道、道法自然"等朴素观念；又如北方农村的"清明忙种麦，谷雨种大田""清明麻、谷雨花、立夏点豆种芝麻"等特殊文化指令。

在经验总结和积累中，逐步形成了尊重自然、顺适自然、爱护自然，与大自然节律合拍的独特的生态伦理文化。这样的文化所投射的是人与自然共生，天、地、人三者和谐发展的生态理念，对于维护乡村自然生态的完整性和持续性至关重要。而且，乡村的自然地理环境、自然风光、乡村聚落民居等作为乡土文化的一个部分，本身就是区别于城市的生态表达。现代化建设进程中，有必要从乡土文化沉淀的生态伦理观中汲取解决城市问题和生态环境问题的智慧。

3. 乡土文化具有极大的经济价值

乡土文化本身更强调文化意涵，但其"先天"的独特性和不可复制性却蕴含着极大的经济价值，在与现代化、城市化和市场化提供的历史机遇契合时，乡土文化的经济价值突显出来。一是相对于城市文化，乡土文化的异质性构成其核心的市场文化竞争力；二是社会矛盾转化背景下，人们生活水平不断提升，对美好生活的精神文化需求不断增加。具体来说，乡土文化助推乡村经济，可从三个方面来看：一是外化为乡土文化产品，如湖北株归县的手工绣鞋垫、乡土工艺背篓、微型龙舟木雕；二是外显为文化景观，如平遥古城、云南西双版纳傣家竹楼，透过乡土文化景观，或多或少能让内部蕴含的人文价值显现；三是外呈为乡土文化经济活动，如利用传统节日、地方节庆、名胜古迹、人文历史等，举办具有浓厚地方特色的乡土文化艺术节、乡土文化表演活动等，进行文化与经济的联姻。

此外，乡土文化还具有深厚的美学价值和审美价值。不同地域的乡村的自然风光、村落民居、祠堂庙宇、竞技游艺、民俗风情和特色饮食文化等能在长期发展中形成独具一格的乡土气质。如乡土物质景观尤其具有独特的审美价值，不同地域的自然地理环境的不同导致它们样式众多、形态各异，具有独特的艺术审美价值。就拿传统民居来说，被赞誉为东方古城堡的福建等地区的土楼，渝、黔、鄂等地区依山靠河就势的吊脚楼，以及北部地区黄土高原的窑洞等，都有着极高的工艺美术价值和美学魅力。

总之，乡土文化是人们在漫长的乡村生活中沉淀出的具有乡土性、独特性、多样性的，饱含社会价值、生态价值、经济价值和文化价值的综合文化体系。乡土文化作为乡土社会的文化表达，在漫长的乡村历史中发挥着举足轻重的作用，现在看来，或有诸多不合时宜之处，但要问乡村振兴应从哪里去找寻重建乡村价值和意义的力量，不容置疑，乡土文化是乡村振兴的深厚文化土壤。

三、乡土文化与乡村振兴战略的互动逻辑

（一）乡土文化是乡村文化振兴的深厚文化土壤

乡土文化作为农业文明和农耕历史所造就的综合文化体系，作为中华民族为传统文化之根脉，其中有许多优秀的成分须予以重视。优秀的乡土文化源远流长，有着寻根溯源的人文情怀和历久弥深的乡村情结，是乡村文化振兴的深厚文化土壤。就以乡土规范文化为例，其乡规民约、宗法家规、伦理道德、惯例习俗、社会舆论和价值观念中的优秀成分是乡村文化振兴的内生的本土的资源，可在继承的基础上深入挖掘，并结合时代的要求进行创造性转化和创新性发展，在新时代焕发出新力量，"推动建设邻里守望、诚信重礼、勤俭节约的文明乡村"。

（二）乡村振兴是乡土文化发展的时代机遇

一方面，乡土文化是乡村振兴的内驱动力，是乡村振兴凝心聚气的黏合剂，作为乡村文化传统的乡土文化价值和尊严的重塑，将强化农民的文化认同感、归属感和幸福感，为乡村振兴提供智力支持和精神动力。另一方面，乡土文化是乡村文化振兴、乡风文明建设的深厚土壤，也是"产业兴旺、生态宜居、治理有效、生活富裕"的内驱动力。就"产业兴旺、生活富裕"来看，乡土文化是城乡融合发展的巨大文化资本，是产业融合的经济增长点，是生活富裕的一大来源。乡土文化的文化多样性和生态多样性，赋予其丰富独到的经济价值，为产业融合新业态培育和创造空间，推动乡村经济发展的同时，也改善着人们物质生活和丰富精神文化生活。就"生态宜居"来看，"因地制宜发展特色鲜明、充满魅力的特色小镇""营造宜居适度生活空间，保护山清水秀生态空间"等，离不开乡土的地域特色、田园风光、乡村建筑，以及乡土文化饱含的处理人与自然关系时，尊重和顺应自然、保护和开发自然注重协调性和创造性的生态理念，亲近自然、闲适的慢节奏生活智慧。就"治理有效"来看，在乡二的"熟人社会"和"礼治社会"中，维系乡村秩序的力量的乡规民约、宗族文化等具有封闭性、保守性和排外性，对乡村治理和法制建设有一定的阻碍作用，但是

若加以疏导，在一定程度上或能助力乡村治理有效。

总之，乡村振兴要求乡村文化的振兴，乡土文化作为乡村的深厚文化土壤在推动乡村文化振兴的同时，也能发挥对于乡村振兴的政治、经济、生态、社会方面的作用；乡村振兴对乡土文化保护、开发和利用也是乡土文化传承和发展的时代机遇，二者内含良性的互动逻辑。在乡村振兴战略视角下，乡土文化的重要性不容置疑，但以乡土文化助推乡村振兴是一个复杂和艰巨的过程，这来自对乡土文化传承困境的客观审视。

第二章　乡村旅游的起源与发展

随着中国旅游业的发展，旅游者的心理逐渐成熟趋多样化，旅游过程更注重对相互文化的体验，农村和郊区相对于城市来说，天地广阔，自然风光秀美，空气清新，加之和城市相异的文化，对于生活在紧张、拥挤、繁杂、喧嚣、多污染的城市中的居民有巨大的吸引力。当社会、经济、科技发展到一定阶段时，就产生了乡村旅游。本章分为乡村旅游活动的萌芽、近代乡村旅游的发展、现代乡村旅游的发展、我国现代乡村旅游业的发展四部分。主要内容包括：萌芽期的西方乡村旅游活动、萌芽期的东方乡村旅游活动、产业革命对乡村旅游的影响等方面。

第一节　乡村旅游活动的萌芽

一、西方乡村旅游活动萌芽期

（一）乡村旅游活动萌芽前夕

城市脱胎于乡村，源自原始社会的农业居民点，是伴随着私有制和阶级分化，在原始社会向奴隶制社会过渡时期出现的。一般认为，最古老的城市出现在公元前 3000—2000 年的美索不达米亚平原、古埃及、中国黄河流域、印度河流域和中美洲地区，一般都具有强烈的宗教、王权和商业背景，并在战争的破坏下逐渐衰退。而大部分的民众仍然生活在广阔的乡村地区，乡村旅游也就无从谈起。

（二）古典时期的乡村旅游活动

古典时期是对古代希腊和罗马帝国长期文化史的广义称谓，在这一时期以奴隶制为主，城市文明繁荣发展，乡村情结因此而出现。同时在强大的帝国统治和经济实力引导下，乡村地区奠定了交通和住宿设施等乡村旅游活动的物质基础。但受限于较小的城市规模，乡村旅游活动仍十分罕见。

古希腊牧歌孕育逃避现实的田园情结。古希腊（公元前8—公元前5世纪）时期，城市再次获得蓬勃发展，形成对欧洲影响深远的希腊城邦文明。希腊人创造了包含艺术、雕刻和戏剧在内的高度个性化的思想文化，孕育出一种积极主动的城市意识。

这一反乡村的思潮随着公元前4世纪古希腊被征服并入古罗马帝国而告段落，史称希腊化时期（公元前4—公元前1世纪）。这一时期希腊城邦文明盛极而衰，受此影响出现了最早的田园诗：忒奥克里托斯（公元前310—公元前250年）是西方牧歌（田园诗）的创始人，他的牧歌往往以两三个牧人为角色，彼此对歌，展现农村纯朴的生活和牧人们劳动、歌唱、谈情说爱的情形，反映了人们逃避现实的幻想和要求改革的潜意识，对西方诗歌文学有着深远影响。《荷马史诗》的作者，古罗马诗人维吉尔（公元前70年—公元前19年）正是受其影响而创作了著名的《牧歌》《农事诗》等作品。在多位伟大诗人的传承下，牧歌已成为西方文学中一种不朽的诗歌传统，并孕育了西方文明中的田园情结，每当人们在现实生活中遭到挫折或磨难，希望摆脱宫廷和城市，都会像诗人们那样回到乡村，呼吸乡村纯朴的空气。

罗马帝国时期奠定乡村旅游物质基础。古罗马文明兴起于公元前9世纪，并于公元前1世纪成为横跨欧亚非、称霸地中海的庞大罗马帝国。这一时期经济繁荣发展，疆域空前广大，且农业技术获得了较大提高。罗马帝国政府在全国境内修建许多宽阔的大道，道路网络总长度达80 000公里，覆盖广大乡村地区。虽然兴建道路是出于政治和军事目的，但客观上为人们沿路旅行提供了便利条件。为供政府公务人员在途中休息，政府沿途设立了乡村驿站，这些驿站后来也开始接待沿路往来的民间旅客，从而逐渐演变为乡村旅馆，并出现了私营旅馆。住宿接待设施的发展又反过来推动了旅行人数的增加。

二、东方乡村旅游活动萌芽期

（一）商周时期帝王的乡村田猎

由于政治、经济、社会的演变不同，古代东方世界的乡村旅游发展与西方有着不一样的发展轨迹。公元前2000年，东方的文化中心——中国开始了其独特的、内生的城市进程，但是大多数早期城市都是小型的宗教仪式中心，周围环绕着为宫廷服务的手工业作坊。在商周时期，带城墙的大型城镇的第一次发展，乡村与城市的差异愈发明显，从而萌发了最早的乡村旅游活动正是在商朝第一次出现了"囿"等代表了自然乡村的词汇。"囿"是畜养禽兽的场所，主要目的为供帝王狩猎活动，也兼作宫廷膳食和祭品的供应。狩猎本来是原始人类赖以获得生活资料的手段，进入文明时期以后，农业生产占主要地位，统治阶级便把狩猎转化为再现祖先生活方式的一种娱乐活动，同时还兼有征战演习、军事训练的意义。商朝帝王、贵族奴隶主都很喜欢狩猎，殷墟出土的甲骨卜辞中多有"田猎"的记载。田猎即在田野里打猎，难免践踏庄稼而激起民愤。为避免丧失人心，商代后期的帝王开始把狩猎活动限制在一定范围内，四周用垣墙圈起来，在其中饲养禽兽并设专人管理，这就是"囿"。"囿"的范围广阔，除了天然植被之外，在空地上种植树木、经营果蔬，开凿水池用作灌溉。当然也有一些简单的建筑物，为帝王在打猎间隙观赏自然风景所用。由此可以看出，商代帝王的田猎活动是中国乡村旅游活动之滥觞，而帝王为田猎而建造的"囿"是中国乡村旅游的第一个产品。

（二）秦汉时期兴起的乡村离宫

秦始皇统一中国开启了中国 2000 余年的封建时代。在高度中央集权的统治下，秦国以空前的速度兴建离宫别馆，其中绝大部分位于乡村地区。秦始皇兴建宫苑深受道家"天人感应"思想的影响，一方面宫苑的布置与天上星座的排列相对应；另一方面在宫苑园林中挖池筑岛，模拟海上仙山的形象，满足自己接近"神仙"的愿望。

到汉代时，小农地主经济繁荣发展，中央集权的大一统局面高度巩固，因此帝王兴建离宫别苑的行为空前兴盛。著名的乡村离宫包括上林苑，据记载，兴建上林苑的缘起是汉武帝经常微服出游，到长安郊外打猎，随行人员没有休息的地方，且经常毁坏农田，于是征用了这一关中地区物产丰富的膏腴之地兴建皇家园林。又如位于甘泉山上的甘泉宫，最初是汉代帝王祭拜神灵的神祠，汉武帝在此兴建殿宇，形成一组庞大的建筑群，并成为兼具避暑游憩、求仙通神、朝会仪典、政治活动等多种功能的离宫御苑。

由此可见，秦汉两朝帝王的乡村旅游活动仍然与田猎有着紧密的关系，并在道家的影响下，加深了对自然山水的认识，乡村的离宫成为帝王放松身心和满足精神追求的所在。帝王在乡村建设离宫的行为在此后的历朝历代都得以延续，到清朝仍然存在。

（三）魏晋以后的文人乡村旅游

自魏晋以后，文人士大夫阶层自我意识觉醒，是乡村旅游活动的主要参与者，也正是通过他们的艺术创作，将乡村情结融入传统文化中。

魏晋南北朝的战乱使文人逃向山水田园。中国真正意义上以乡村地区为独立审美对象的艺术作品，如山水田园诗和山水画等，均兴起于魏晋南北朝时期。该时期时局混乱、干戈不断，文人士大夫阶层不得不离开动荡的政治环境，隐匿于山野之间。受老庄思想的影响，在自然山水间的逍遥游成为魏晋以来士人解脱苦闷、恐惧和孤独的一种精神上的自我超越。他们希冀通过这种逍遥的精神境界求得心理上的平衡，不受浊世的干扰，实现自己的人生理想。

唐宋时期士人漫游成为风气。从隋朝开始实行的科举制度延续千年，自此士人用功读书的风气盛行，文人士大夫阶层迅速壮大，并在文化艺术上有了更深的造诣。因此，文人士大夫阶层对乡村旅游的记载可以通过诗词歌赋来进行考证。唐宋文学作品中，常见的乡村旅游主题包括以下几类。

体察民情。古时官员所管辖的土地中，往往大部分地处乡村地区，乡村民众的生活状况往往是心系百姓的士人们最为关心的问题。因此在唐宋时期的文学作品中，可以看到很多文人士大夫阶层对乡村生活的描绘。北宋苏轼是宋代第一个真正有意识的以农村生活作为题材进行创作的人，他关心乡村百姓生活，在文学作品中对乡村表现出极大的关切。

社交访友。探访居住在乡村的亲属或朋友，也是重要的乡村旅游活动之一，如唐朝诗人孟浩然在《过故人庄》中记述了他应邀前往朋友居住的乡村饮酒交谈的场景。宋朝诗人陆游也在名篇《游山西村》中写道："莫笑农家腊酒浑，丰年留客足鸡豚。山重水复疑无路，柳暗花明又一村。箫鼓追随春社近，衣冠简朴古风存。从今若许闲乘月，拄杖无时夜叩门。"其中出现了乡村美食（腊酒、鸡豚）、乡村住宿（夜叩门）和乡村文化活动（箫鼓、春社）等乡村旅游要素，与现代语境下的农家乐颇有相似之处，甚至有可能在当时就已存在这样一种乡村商业活动。

明清时期兴起乡村考察活动。至明清时期，文人士大夫阶层仍是主要的乡村旅游者，并更重视对自然山水景观的鉴赏和旅游经验的总结。尤其是明朝国内考察旅行极盛，学术著作成就不凡，成为一种新的乡村旅游形式。如地理学家徐霞客北抵燕幽，东达粤闽，西入滇南，深入乡野自然进行考察，并在旅途中坚持记有游记，记录观察到的各种现象、人文、地理、动植物等状况，著成《徐霞客游记》。著名医学家李时珍在全国各地山野中收集药物标本和处方，并深入乡村，拜渔人、樵夫、农民、车夫、药工、捕蛇者为师，完成了192万字的巨著《本草纲目》。这些乡村考察活动极大地推动了对中国乡村资源的探索，丰富了人们对乡村的认识，是中国乡村旅游资源价值的重要提升。

第二节　近代乡村旅游的发展

一、产业革命对乡村旅游的影响

（一）产业革命加速了城市化的进程

一方面，产业革命使很多人的工作和生活地点从农村转移到了工业城市，这一变化最终会导致人们需要适时逃避城市生活的紧张节奏和拥挤嘈杂的环境压力，产生对回归自然田园、返乡探亲的追求。事实上，伴随着资产阶级统治地位的确立，贵族逐渐衰落，城市居民成为这一时期乡村旅游的主要参与者。因此工作和生活地点向城市转移这一变化对产业革命后乡村旅游活动的发展产生了重要的促进作用。

另一方面，城市化改变了人们的工作性质。随着大量人口进入城市，原先那种随农时变化而忙闲有致的多样性农业劳动开始被枯燥、重复的单一性大机器工业劳动所取代。这一变化促使人们强烈要求休假，前往乡村寻找过去的生活节奏和乡愁记忆，以便获得喘息和调整的机会。

（二）产业革命推动了乡村旅游的发展

产业革命以来，新兴的工业和近现代资本主义商品经济的发展备受瞩目，但也要注意到，传统的农业经济也发生了很大的变化。依附于落后生产方式的自耕农消失了，农业初步走向机械化。直到19世纪中叶，世界农业生产经营都较为粗放，以人畜力为动力，主要依靠扩大耕地和增加劳动力的使用来增加产量。随着产业革命带动农业中的资本主义生产关系的建立，以及突飞猛进的工业和日新月异的技术创新，将欧美等发达国家的农业推向了机械化发展的时期。19世纪末和20世纪初，蒸汽机和以石油为燃料的农业机械设备出现，如1910年美国开始使用拖拉机进行农业生产。这些农业机械逐步取代畜力，在农用动力中占据主要地位，极大地提高了农业生产效率，解放了农村劳动力。

二、两次世界大战期间的乡村旅游

19 世纪六七十年代，随着欧美发达国家的工业革命逐步完成，并通过资产阶级改革走上富强道路，开始向帝国主义过渡，世界格局发生了重大的变化，西方成了世界的中心，而传统强国中国由于长期闭关锁国，国力衰退，成为西方列强掠夺的对象。同时亚、非、拉众多国家也成为帝国主义国家的殖民地。但由于资本主义发展不平衡，新老帝国主义为争夺霸权和重新瓜分殖民地，而爆发了两次世界大战。战争对城市和乡村均产生了毁灭性的影响，使参战国家的乡村旅游几乎陷入停滞。

但也必须认识到，尽管战争对乡村旅游的发展产生了严重破坏，但在发达的资本主义经济的孕育下，产生了部分与乡村旅游相关的新进展，为"二战"后的乡村旅游发展奠定了基础。

第三节 现代乡村旅游的发展

一、农业产业自发阶段（1978—1994 年）

（一）农业改革

1. 土地制度上实施家庭联产承包责任制

家庭联产承包责任制是 20 世纪 80 年代初期在中国大陆的农村推行的一项重要改革，是农村土地制度的一项转折。在改革开放以前，中国土地政策实行的是合作社性质的劳动群众集体所有制，由于其脱离了中国农村生产力发展的实际水平，加上高度集中的劳动方式和分配中的平均主义，严重影响了农民生产的积极性，农村经济的发展受到约束。改革开放的浪潮带来了思想上的解放，1978 年安徽省凤阳县小岗村 18 位农民签下包产合同书，将村内土地分开承包，当年小岗村粮食大丰收，这一事件开创了家庭联产承包责任制的先河。

2. 取消农产品统购派购制度

农产品统购派购制度起源于 1953 年，当时农业生产力水平低下，导致农产品供应紧张，为解决供需差额过大出现的市场动荡，保证粮食在城乡的有效调剂，中央陆续对粮食、棉花、油料等农产品进行统一收购，在农村流通领域实行了高度集中的计划调节。改革开放以后，随着家庭联产承包责任制的实行，农业产能大幅提高，统购派购制度反而制约了农产品市场的发展。1984年开始，国家逐步弱化这一制度，并于1985年的中央一号文件《中共中央、国务院关于进一步活跃农村经济的十项政策》中，明确取消30年来农副产品统购派购的制度，以合同定购和市场收购取代统购派购，并鼓励农民积极发展多种经营，在税收、资金等方面提供优惠政策，进一步扩大城乡经济交流。

（二）经济开放

改革开放以来，中国经济发展的外向性全面提升，一部分综合条件好的城市率先发展起来，深圳、广州、上海等沿海城市和北京、成都等中心城市成为当时中国经济的翘楚，我国乡村旅游业最初也是从这些城市周边兴起。20世纪80年代后期，改革开放较早的深圳市首先开办了荔枝园，并举办荔枝节，主要是吸引城市人前往观光、采摘和娱乐、休闲，并利用这个机会进行商贸洽谈，招商引资，取得良好效果。1986年的成都周边兴起中国第一家农家乐徐家大院，成为中国农家乐的雏形。1994年北京市朝阳区政府提出都市农业是该区"农业发展战略选择"，把具有旅游、观赏、无公害等特点的都市农业列为朝阳区经济发展的六大工程之首。

二、市场需求导向阶段（1995—2008年）

（一）假日制度变化

中国的假日制度经过了两次比较重要的变化，这对于整个旅游市场的带动作用是巨大的。

1.1995年双休日制度的确立

从20世纪80年代中期开始，随着制度改革的逐渐深入，人们对休闲的渴望越来越强，对改革六天工作制越发期盼。中央部门也开始考虑对工作时间制度进行改革，并于1994年开始实施每周工作44小时的工时制度，即"隔周五天工作制"，每隔一周多休息一个星期六，实行了45年的单休制度得以终止。在"大小礼拜"实行一年之后的1995年5月1日《国务院关于职工工作时间的规定》中明确了职工每周工作40个小时，星期六、星期日为周休息日，并要求企事业单位在2年内施行。这标志着国人终于有了享受双休日待遇的权利，自此国人每年的非工作日达到111天。双休日使得人们"离城游乡"的可能性

大大增加，因此不论是在市场人群还是市场供给方面，乡村旅游都实现了快速增长，乡村旅游消费也逐步成为国民消费的组成部分。

2. 1999 年黄金周的出现

1999 年，国务院公布了新的《全国年节及纪念日放假办法》，决定将春节、"五一""十一"的休息时间与前后的双休日拼接，从而形成 7 天的长假，并在 2000 年以国务院 46 号文件明确了"黄金周"的概念。黄金周的出现源于国民对于休闲时间和内容的需求。

中共中央在 2000 年中央经济工作会议提出，坚持扩大内需是我国经济发展一项长期战略方针，以此来刺激经济增长。黄金周就是在这样的背景下提出并加以明确，被视为是拉动内需、促进消费的关键举措。

（二）政策上的不断规范

1. 强调典型示范的带动力量

在这一时期，国家针对旅游业设置了不同种类的示范点，力图通过示范性试点推动各项政策和工作的落实，一方面在试点中不断积累经验和完善思路；另一方面可产生一种"以点带面"的示范带动效应，推动旅游业整体规范化、多元化发展。

2. 通过政策直接指导乡村旅游发展

2006 年，农业农村部和文化和旅游部发布了《关于促进农村旅游发展的指导意见》，明确了农村旅游的基本原则和工作目标，并将加大扶持力度，建设旅游服务体系，强化旅游市场开拓和农村旅游人才培养作为工作重点，对各类乡村旅游产品如农家乐、观光型的农村旅游、民俗民族文化型农村旅游、旅游型小城镇建设及其他各种类型的农村旅游发展模式进行深化探索，为乡村旅游产品的开发和经营提供了较为完整的指导。

三、消费升级带动阶段（2009 年至今）

（一）旅游地位提升

随着旅游业在国家政策扶持下高速发展，乡村旅游也开始成为旅游业中一大焦点。2014 年国务院出台的《关于促进旅游业改革发展的若干意见》，是"乡村旅游"一词首次正式出现在国家政府文件中。《关于促进旅游业改革发展的若干意见》要求大力发展乡村旅游，要依托当地区位条件、资源特色和市场需求，挖掘文化内涵，发挥生态优势，突出乡村特点，开发一批形式多样、特色鲜明的乡村旅游产品。次年发布的《关于进一步促进旅游投资和消费的若干意见》中进一步强调乡村旅游对旅游投资和消费的拉动作用，要求完善休闲农业和乡村旅游配套设施，鼓励乡村旅游创业，推进乡村旅游扶贫。

（二）城乡统筹政策

1. 乡村旅游与扶贫开发

扶贫是为帮助贫困地区和贫困户开发经济、发展生产、摆脱贫困的一种社会工作，旨在扶助贫困户或贫困地区发展生产，改变穷困面貌。中国由于历史的和自然的原因，各地区之间和地区内部的经济发展不平衡，乡村贫困地区的生产力发展十分缓慢。旅游扶贫是一种借助旅游经济增加贫困地区"造血功能"的开发式扶贫，乡村是旅游资源富集地，更是扶贫开发的重要载体。

2. 乡村旅游与美丽乡村建设

美丽乡村是我国新农村建设的升级版，"美丽"二字不仅体现在经济层面，更强调自然层面，也体现在社会层面，它不但要求经济发展，人民富裕，更要保护乡村的生态环境、生态平衡、环境美化，而且需要社会和谐，精神文明。

乡村旅游与美丽乡村建设具有共享资源、共同推进的重要关联性，美丽乡村为乡村旅游提供了更好的旅游发展平台，而乡村旅游为美丽乡村带来了经济发展的潜力。充分发挥乡村旅游业在美丽乡村建设中的优势地位和引领作用，带动乡村经济社会的综合发展，是促进美丽乡村建设进一步深入和可持续发展的重要途径。

第四节　我国现代乡村旅游业的发展

无论是国内旅游学界还是国际旅游学界，一般都将第二次世界大战的结束作为现代旅游发展的起点。在这一时期，人们的旅游活动不仅开始恢复，而且需求规模出现了前所未有的快速发展。据统计，1950 年至 1960 年的十年内，国际旅游人次与旅游消费额增长了约 3 倍，大众化旅游现象于 1960 年开始出现。此后，随着旅游规模的增长和旅游经济的发展，旅游业逐渐成长为世界经济中的"巨人"。

随着战后旅游活动恢复，乡村旅游的需求也快速发展。尤其在世界发达国家，战后的半个多世纪中乡村旅游产业不断转型升级，从功能单一，品质较差的乡村旅游初期产品逐步向功能丰富、品质提升、规模扩大、产业联动的现代乡村旅游业转型发展。因此这一阶段称为现代乡村旅游阶段。

在现代乡村旅游阶段，以欧美为代表的发达国家在其中扮演了重要角色，是乡村旅游的先行者。当下的乡村旅游产品中，许多起源于这些发达国家，如乡村民宿、葡萄酒庄园等。因此，在探索现代乡村旅游迅速发展的原因时，将以欧美发达国家的现代乡村旅游发展为主线。

一、现代乡村旅游业的功能

乡村旅游相对常规旅游而言，他既是对传统农业的拓展，又是对新型旅游产品的开发，它将在我国农民增加收入、建设社会主义新农村等方面产生越来越重要的作用。乡村旅游的功能主要体现在四个方面：经济、社会、环境、文化。

（一）经济功能

1. 优化农村产业结构，增加农民收入

乡村旅游在国外就是作为振兴农村，发展农村经济，复兴和保护农村文化的一个重要措施。随着工业化和城镇化的发展，大量的农民放弃了自己的土地，涌入城市，农村问题渐渐出现。农村一直以第一产业为主，其他产业所占比重很小，产业结构非常不合理，农村的经济效益和农民的收入都不高。而乡村旅游与其他旅游形式很大不同，它是第一产业和第三产业结合的产物。乡村旅游的发展必然会带动交通业、运输业、商业、服务业、房地产等相关行业的发展，大大地提高其他产业的所占比重，从而促进农村产业结构的调整，从第一产业为主向第一、二、三产业协调发展。乡村旅游还会带动农副产品、工艺品、土产特等产销量的增加，直接增加农民的收入。此外，乡村旅游还将乡村地域丰裕的自然空间、环境资源和农村所特有的民俗文化等无形资产转化为合理的经济收入，从而大大提高农业经济效益，增加当地农民的收入。

2. 增加就业机会，转移农村剩余劳动力

随着机械的普及，解放了大量的劳动力，但在另一方面而言也使劳动力过多的国家产生了剩余劳动力。过多的剩余劳动力不利于社会经济的发展，也不利于社会的稳定。乡村旅游业和其他旅游业一样属于劳动密集型产业，也是一个关联度极高的行业。发展乡村旅游业，需要一系列的人员和设施配合，如导游、服务、吃住、卖场等。根据世界旅游组织资料，旅游业直接产生一个直接就业岗位，将产生 3～5 个关联的就业机会。据测算，一个年接待 10 万人次的乡

村旅游景点，可直接和间接安置 300 位农民从业，直接和间接为 1000 个家庭增加收入。因此，着力开发乡村旅游业能够有效地转移农村剩余劳动力，增加当地居民的就业机会。

（二）社会功能

1. 传播现代农业科学技术、先进管理和经营理念

乡村旅游要想得到长足可持续的发展，就要增加旅游产品的吸引力。以农产品为主打旅游产品的旅游地区就要加强农产品的竞争力，学习世界先进的农业栽培管理、储藏、运输等技术。以服务和自然资源、人文风情为主打旅游产品的旅游地区，就要加强管理上的学习，通过管理加强服务质量，提高自然资源和人文风情的利用率和开发率而又不破坏其本来的面貌。

2. 加强城乡居民的交流，提高当地居民的自身素质

由于社会和城市高速发展导致城乡文化差异越来越大。乡村旅游给非乡村居民展示乡村文化、生产生活方式的同时也为非乡村居民提供一个展示非乡村文化、生产生活方式的平台。对乡村旅游地区的居民而言，游客不仅为他们带来了经济效益，同时也为他们带来现代文化、商品经济意识、文化社交礼仪。这些旅游者的行为必然会对当地居民的行为、生活习惯、道德标准、社会治安以及对自身认识等留下一系列深刻的社会影响。因此，乡村旅游的发展能够在一定程度上提升当地社会形象，使当地居民改掉一些陋习，注意养成良好的生活习惯。这些都有助于乡村社会文化的发展、提高乡村居民的自身素质，缩小城乡差别。

二、现代乡村旅游业的发展趋势

（一）信息化与全球化

20 世纪 90 年代起步发展的电脑信息技术在 21 世纪初得到普及，并随着智能手机的广泛使用，彻底地改变了旅游市场。科技信息化快速发展，一方面服务于旅游市场营销，使远距离客源能够获取乡村旅游资讯；另一方面提升了乡村旅游服务便利程度，各类网上预订平台极大地拓展了乡村旅游地域范围，客源地不再局限于周边的大城市，甚至开始影响到海外市场。

（二）管理主体多元化

最早的乡村旅游协会组织可追溯至 20 世纪 50 年代，在以法国和意大利为代表的国家和地区初步形成行业自律的雏形。法国"农业和旅游协会"于 1952 年成立，创立最初的目的是通过旅游和实践协助职业化教育的发展。1965 年开始，协会意识到旅游业可以成为乡村附加的活动，带来新的季节性的生活方式，并有助于留住乡村年轻群体，于是开始致力于乡村旅游开发，争取政府为乡村住宿设施、娱乐休闲业态的创建提供便利和税收优惠政策。法国乡居联合会成立于 1955 年，最初由创办乡居的法国参议员推动，鼓励使用乡村闲置住宅，吸引城市居民前来旅游。联合会制定了乡居和民宿的系列规范，评定等级，初步形成行业自律。1965 年意大利创建"农业与旅游全国协会"，管理 200 余家农场，通过推出"绿色假期旅行产品包"和印刷"乡村好客指南"，吸引城市群体的旅游活动，提升品牌影响。

进入 21 世纪以来，协会组织顺应全球化趋势，开始向海外扩张，建立品牌化联盟，执行统一标准规范和市场营销策略。其中典型代表是由法国最美乡村协会于 2012 年联合加拿大、意大利、日本等国相关协会，成立"世界最美乡村"联合会，统一评定标准和管理规范，将最美乡村产品推广至全世界。同时增进多元管理主体间的交流合作是 21 世纪各方的关注重点，如 2016 年澳大利亚农业联盟与澳大利亚区域旅游网络签订合作备忘录，共同将游客市场疏散至更大的乡村和区域空间。这一趋势也将一定程度上影响我国乡村旅游业的未来发展。

第三章　国外乡村振兴探索的经验借鉴

乡村振兴是一项长期的历史性任务。在工业化、城镇化加速推进过程中，许多国家也曾遇到过乡村发展停滞的情况，各国建立健全制度保障体系，加快推进农业农村现代化，因地制宜发展特色产业，逐步探索出一条独具特色的农村发展道路，如德国"村庄更新"、日本"一村一品"等。本章分为东亚乡村振兴探索、北美乡村振兴探索、西欧乡村振兴探索、国外乡村振兴探索的经验启示四部分。主要内容包括：日本乡村振兴发展道路、韩国乡村发展道路、美国乡村发展道路、德国乡村发展道路、英国乡村发展道路等方面。

第一节　东亚乡村振兴探索

乡村振兴战略是党的十九大针对当前乡村发展提出的一项重大战略，旨在解决当前城乡关系失调与农村发展不充分不协调的矛盾；因此，乡村振兴研究离不开对城乡关系演变的探讨。国际化城乡关系演进轨迹表明，从"二元结构"走向"一元结构"是一个逐步演进、对应不同的发展阶段与政策体系具有阶段性特征的过程，一般经历城乡发展初期、中期与成熟阶段三个时期，而城乡一体化是城乡关系发展走向最高阶的理想状态。

从发达国家乡村振兴路径而言，无论自上而下的引领式推动，还是自下而上的社区互动式更新，抑或上下两者协同驱动的振兴模式，各发达国家均在特定历史时期与充分认识自身发展状况的基础上，通过采取"因地制宜"的乡村振兴战略，协调了城乡关系，实现了乡村地区现代化发展，形成了各有千秋的"乡村振兴"发展模式。

日本、韩国作为我国的近邻，在跨越"中等收入陷阱"，协调"城乡发展关系"与转换"乡村发展路径"的进程中，始终重视乡村地区的社会经济发展，均在特定历史时期，针对乡村采取了有力政策措施和发展引导，最终实现了城乡一体化与乡村振兴发展目标。

从历史发展路径和资源禀赋来看，我国与日本、韩国拥有相同的农耕文化背景，农村发展均表现为人多地少、资源匮乏和农业生产规模小的特点，在乡村发展演进历程和终极形态等方面较为相似；但日韩乡村发展水平位居世界前列且独具特色。因此，对于正处乡村振兴和农业农村现代化发展攻关期的我国而言，从城乡关系演变的视角来研究日本和韩国的乡村振兴演进历程，具有一定的理论研究价值和实践参考价值。

一、日本乡村振兴的探索

自 1868 年明治维新后，经过一个多世纪的发展，日本经历了工业化与城市化的起步、初始、加速和成熟四个阶段，拥有了与欧美国家相媲美的城市化水平，其城乡关系的发展也基本遵循了发达国家从初始的城乡二元结构关系发展为城乡统筹再向城乡一体化发展的常态化演进历程；城乡发展实现了"二元"到"一元"的成功转型，也完成了乡村从传统到现代化发展的蜕变。因此，基于城乡关系的阶段性特征，将日本乡村振兴演进历程划分为四个阶段。

（一）城乡二元初显的起步阶段

日本自 1868 年经历明治维新之后，为扭转国内贫困积弱的不利局面，开始了从农业国家向工业国家转型发展的转变，由此步入了 1868—1920 年期间的工业化、城市化起步发展阶段。通过实行"殖产兴业""以农补工"的政策方针，征收高额农业税汲取农业剩余以扶持工业发展。与此同时，其城乡关系也进入了"以工补农""以乡育城"发展阶段，其中日本政府，在 1888 年开始主导第一次町村大合并又称"明治大合并"，还推出了"劝农政策"与"明治农法"对耕地进行开发和整顿，试图提高农业生产技术，改变长期落后的农业生产水平困境。然而，随着工业化生产效率和城市化率的不断提高，乡村本身建设并未受到重点关注，城乡二元结构矛盾开始初步显现，城乡收入比扩大至 2.6：1，乡村发展进程也受到了极大影响。

（二）城乡二元对立的加速阶段

1920—1955 年，日本在经历了"以工补农""以乡育城"发展阶段之后，工业体系基本具备了自我积累能力，不再需要汲取农业剩余，也进入了工业化带动城市化即城市化快速发展的初始阶段，城乡发展关系日趋平等。为实现"经济高速增长"目标，1920 年日本开始极力发展重工业；此时，农业在生产方式、产品需求以及生产效率等方面远远落后于工业，城市化和工业化的快速推进，导致年轻劳动力开始源源不断地涌入城市，日本城市化率也在 1955 年达到了 56％；而处于工业化、城市化主导时期的乡村，随着大量劳动力的快速流失，生产力和生产效率不断下降，其物质环境也日趋破败，渐渐地走向了城市的对立面，城乡二元结构矛盾日益加深，工农收入差距不断扩大，城乡收入比也一度扩大至 3.3 ∶ 1。此后，日本政府为缓解乡村发展不利态势，开始减轻农业税，普及基本公共服务，拉开了农村土地制度改革与小农经营的伟大序幕，并于 1953 年发动了第二次町村大合并又被称为"昭和大合并"，至 1956 年，市町村总量下降至 3975 个左右，其中市为 498 个、町为 1903 个、村为 1574 个；与此同时，一些有关社会治安、生产安全以及社会福利和公共卫生等相关事务，被下放至"市町村"自治体层面，这也为后来的农业现代化发展奠定了制度基础。

（三）城乡统筹的协调阶段

1955—1977 年，伴随着人口、产业等优势资源向大城市集聚的城市化加速阶段与工业化的基本完成，解决城市"过密化"和乡村"过疏化"的社会空间结构与城乡二元对立加速的危机成为日本政府的首要任务；城乡发展也开始关注农村自身建设，实施"以工哺农"政策，通过价格支持将剩余价值向广大的乡村地区回流。此时，日本城市化率已达到 60％以上，国民经济已经得到了较好发展，处于较高水平，政府财政支出能力也大大提高；政府通过加大对乡村在基础与公共服务设施、社会保障等方面的投入力度，以谋求达到改善城乡关系、缩小城乡差距、实现城乡统筹协调发展与探索城乡一体化发展等目标，社会发展形势也开始由经济增长型社会向福利型社会转变。由于当时居住在乡村的居民仍占总人口的 40％左右，直接对其进行补贴和保障，会给政府带来较大的财政压力。

因此，日本政府实施了一系列针对乡村发展的举措，一是于 1965 年颁布《市町村合并特别法例》，以维持地方自治制度的稳定运行，同时鼓励具备基层自主自治条件的市町村重组合并；二是积极推进农村土地规模化经营，以提高农业生产效率；三是实施农业保护政策，提高对农民的转移性支付，加快要素在城乡之间双向流动速度；四是采取工业分散化战略，促进乡村工业化发展，减少农业从业人员，以提高农民非农收入占比，进而降低农业产值在乡村产业结构中的比重。随着乡村地区农民收入的不断提高，基础与公共服务设施水平的大幅提升，日本城乡居民收入差距也在城乡统筹的协调阶段得到缩小，控制在 1.44 ∶ 1 左右，为后期城乡一体化发展阶段奠定了基础。

（四）城乡一体化的振兴阶段

进入 20 世纪 70 年代以来，日本经济发展增速趋于平缓，城市化率在 2015 年达到了 93.5%，处于后工业化和城市化成熟阶段，乡村地区的经济振兴成为城乡发展政策重点。日本政府凭借强大的经济实力，在全国范围内开始大肆新建道路交通与信息技术网络，不断完善城乡基础与公共服务设施，为城乡经济互动创造良好环境。与此同时，为缓解城乡地区土地与生态环境与日俱增的压力，日本政府实施了数轮的全国综合开发计划，以期达到"提高土地利用率，改善城乡人居环境"的目的。在产业结构开始由"一二三"向"三二一"调整的背景下，政府于 1999 年对乡村展开了第三次町村大合并又称"平成大合并"，进一步扩大地方政府权限和强化地方政府能力；通过鼓励地方政府充分发挥自身资源禀赋优势，发展地域性经济，在广大的乡村地区发起了一系列乡村振兴运动，2014 年日本市町村总数维持在 1718 个左右；其中，"一村一品"运动尤为经典，该运动通过充分发掘乡村自身产业、文化和自然生态等方面优势，打造一村一产业、一村一特色、一村一景观等乡村发展模式，形成了一大批具有地域性符号特征的旅游文化项目和农产品等优势产业、产品品牌，极大提升了乡村空间的多元复合承载功能。乡村经济发展模式也从单纯的农村工业化发展转向专业化、多元化并建立起多元复合的城乡经济联系。在技术与财政等一系列支援下，以家庭为单元的小规模农业生产逐步迈向现代化，农民也实现了市民化的转变，地域文化得以保护和传承，城乡收入差距得以消除，城乡收入比稳定在 0.86∶1～0.97∶1，极大地促进了城乡居民收入均等化进程。进入 21 世纪以后，新的过疏化现象和郊区化出现，乡村面临着人口老龄化、过疏化等一系列问题的困扰，而随之产生的乡村社区衰败现象也一时难以扭转。此后，日本政府为应对上述困扰提出了所谓的"六次产业"乡村发展概念，试图从内生发展角度不断强化乡村自身"造血"功能，以实现乡村可持续健康发展。

二、韩国乡村振兴的探索

自 20 世纪 70 年代以来，韩国开展的新村运动被世界认为是发展中国家为解决乡村衰败问题与实现乡村振兴发展的典型案例。在广大的乡村地区推进乡村振兴过程中，新村运动也随着韩国社会与经济的发展不断演进，由最初的乡村地区向城镇及各领域迅速扩散，主导模式也由最初七八十年代的政府主导转变成民间自发主导。进入到 90 年代之后，政府主导型的农村发展模式彻底演变成了纯粹的民间主导，新村运动也从最初致力于改变农村落后经济面貌变成了推进国家现代化进程,其演变历程归纳起来可以分为以下五个阶段。

(一) 基础建设阶段

1970—1973 年,政府注重改善农村生活居住条件、提升农村基础与公共服务设施,又可进一步分为基础准备、扩大规模和促进发展三个不同时期。在新村运动发起初期,又可称为基础准备时期,政府为解决水泥产能过剩危机,开始无偿为乡村建设提供水泥、钢筋等必要物资,以改善农村交通、建筑空间环境、公共服务等基础设施,进而达到改善乡村居民生活条件的首要目标。

随着新村运动的不断兴起,政府除提供相关物资的支持外,还在建设资金与乡村基础设施建设等方面给予充分的扶持与指导,并对乡村建设设立奖励政策,确立阶段性发展目标,鼓励乡村发展多种经营,不断提高村民收入,以缩小城乡收入差距,进而扩大新村运动的规模,该时期又可称为扩大规模时期。由于前两个时期开展的新村运动取得了较为显著的发展成效,为政府决心开展下一个阶段的运动增强了信心,新村运动也进入了促进发展时期,政府因地制宜地确定乡村预期发展目标和制定详细的乡村发展推进计划,通过开展对财政资金与援助物资利用效率的评估,来将援助村庄分为自立、自助和基础三个不同等级,并将资金与物资援助与其挂钩,充分调动了乡村居民开展新村运动的积极性与参与性,进而激发了农民的自主、勤勉与合作的精神。

(二) 全面发展阶段

1974—1976 年,政府旨在调整农村产业体系,推广农业生产技术与对乡村产业发展提供金融贷款。通过中央内务部设立了新村运动"中央协议会"这一组织机构,负责组织协调中央各部门关系,直接领导新村运动项目的建设与管理,编制财政预算和制定详细具体的运动方针。与此同时,派遣中央和地方干部深入到乡村建设一线指导新村运动工作,开始建设乡村发展研究院,组织相关领域内的专家学者开展"伦理教育和相关技术普及",试图通过开展教育培训与技能提升来培养新村运动的"领头羊"(乡村运动领导者)。该阶段在农业生产方面,政府通过为村民提供金融贷款,积极推广先进农业技术,培育优良品种经济作物等手段,鼓励农村居民调整农业生产结构;在财政方面,政府采取补贴政策来完善农业生产产业化和专业化生产体系,以实现调整农村产业结构体系,取得了优异的成绩和显著的成效,为新村运动的推进提供了全新的思路。

（三）充分提高阶段

1977—1980 年，政府的重点任务是强化教育、开展家庭与新村运动，强化对农村居民的精神启蒙，进而达到巩固前两个阶段的劳动成果；在城乡发展方面，政府开始追求城乡均衡化、广域化和全国化发展，通过建立农村企业以发展农产品加工业、畜牧业和特色产业等产业，并且推动保险业在该领域的发展，以达到进一步缩小城乡差距的目的。

此外，政府在大力发展农村企业的同时，还特别注重农村居民精神文化的提升，积极推进农村文化事业的建设，也更加强调社会群体在该阶段的参与度，使得农村居民无论是在物质还是精神方面都有了很大的提升。然而，受国内政局变化的影响，新村运动的持续开展出现较大阻力，其模式也由自上而下的政府主导逐渐转向以自下而上的民间自发，在强调运动内涵的同时也更追求运动的社会实效性。

（四）国民自发运动阶段

1981—1988 年，该阶段以建立完善的非政府与民间组织，调整新村运动并展开全面深化，进一步调整农村产业结构为目的，进而实现由政府向民间主导模式的转变。政府不再主导运动中的政策宣传、农村基础技能的培训与传播农业相关方面的信息等方面工作，转而由非政府组织和民间组织接手，更多的是在宏观层次整体协调人力、物力、财力以及技术支持等方面。政府通过不断地完善金融保险体制机制，积极推进农村金融的发展，加快农村物流企业的建设以提高农村产品的流通效率，大大提高了农村居民收入，城乡收入比控制在1：1 左右；与此同时，新区运动以全国为范畴，开展一系列宣扬先进市民意识、针对改变生活意识、社会道德性恢复和志愿者服务等活动，推进乡村地区共同体的形成，农村的生产、生活、生态环境得到了较大的改善，农村与城市居民的生活水平也开始逐渐接近，城乡融合发展取得极大成效。

（五）自我发展阶段

1989 年至今，新村运动处于城乡关系和谐的自我发展阶段，强调农村社区精神文明建设与农村经济综合开发，以倡导国民教育，强化国民共同体意识，提升农村民主与法制建设等。政府机构的各项职能开始逐步弱化，主要任务转为负责新村运动的规划和服务性的工作，也意味着新村运动完成了完全由民间主导的模式转变。自此，新村运动的建设项目开始由民间组织负责管理与实施，在农村经济、文化与教育科研等方面的组织机构开始如雨后春笋般涌现。1988

年后，新村运动提出了"共同和谐生活"的新理念，农村地区开始繁荣起来，在经济发展、物质生活、精神文明水平等方面与城市社区文化具有显著的共同特征，也代表着该运动开始面向社区，走出乡村。2000年以后，新村运动开始强调民间组织的专业性，管理机构也由中央协议会改为中央会，新村运动以全国为基础，走向全球化，重点工作开始向环境保护和节能运动，推进海外和全球化，提升国家声誉等方面转变。

古语云："以史为镜，可以知兴替。"通过梳理日韩地区乡村振兴的演进历程，分析乡村发展各阶段的需求、主要做法和重点工作领域等内容，总结出了一些乡村振兴的主要经验与研究启示，以进一步明晰当前乡村振兴演进方向，为乡村振兴的实践提供相关方法思路。

第二节　北美乡村振兴探索

一、美国乡村振兴探索

作为发达经济体的美国在发展过程中也曾经面临着城乡发展差距过大的问题，针对这一问题，美国在不同的历史时期实施了支持农村发展的方针和制度，这些做法值得我们借鉴。

整体看美国的农村发展政策出现过三次转折，分别是20世纪初期的农村电气化政策、20世纪70年代为农村发展开启的专门而具体的立法工作、20世纪90年代实施城乡融合与政策整合工作。农村电气化主要针对的是20世纪初期农村基础设施建设落后，为提高农村基础设施建设而对融资等重大问题做出的法律与政策安排，通过解决基础设施建设的资金来源大大促进了农村基础设施建设。20世纪70年代以来立法的专门化与具体化是对农村出现的多样而广泛的问题制定了多部法律，如《农村发展法》《农业与食品法》《食品、农业、水土保持和贸易法》及《农村发展政策法》等，用以规范农村发展、农产品生产与贸易等行为，从制度上为促进农村发展提供了保障。尤其是《农村发展法》明确了农业发展的政策目标、主要职能部门等关键性问题，起到了非常重要的引领作用。20世纪90年代的农业政策开始通盘考虑全球政治经济因素、农村社区发展、农业食品结构变化及城乡融合等战略性、全局性和宏观性的问题，这不但推动了美国农村的长足发展，而且帮助奠定了美国农业强国的地位。

纵观美国农村发展政策，具有三个显著特点，这三个特点也是我国乡村振兴战略实践过程中需要借鉴的地方。

一是注重各个阶段政策的连贯性和一致性。美国的农业政策在各个阶段具有不同的侧重，并紧跟时代变化不断予以完善和调整，政策前后具有很强的连贯性和一致性，确保促进农业发展不断档。

二是将立法工作贯穿农业政策的始终。美国农业政策主要通过立法体系来体现，农业发展的法制化保障了政策的权威性，有利于政策的有效推进和执行。

三是注重城乡融合与国际视野。当农村与农业发展到一定程度后，注重城乡融合发展，注重农村社区的完善与服务的配套，尤其是从战略和国际视野中看待农业问题，对农产品供需与国际竞争力的提升起到了全局性的指导。

二、加拿大乡村振兴探索

加拿大是世界上最富有的国家之一，但它也面临着城市和农村发展不均衡问题。20世纪90年代，加拿大为促进本国欠发达农村地区的发展，出台了系列政策，进行了许多有益尝试，其中包括提倡跨部门支持农村发展的《加拿大农村协作伙伴计划》。《加拿大农村协作伙伴计划》从1998年开始实施。此计划确定了促进农村发展的具体措施，帮助农民获得政府项目和服务、金融资源和医疗保健，加强基础设施建设以及增加农村青年就业和教育机会。《加拿大农村协作伙伴计划》的主要措施有以下几点。

（一）建立跨部门农业工作组

为更好地协调各部门在农村发展问题上的工作，加拿大组成了由农业部牵头，由32个联邦政府部门参加的跨部门工作小组。这个工作小组定期召开会议，交流信息。省市一级政府也建立由政府农村事务官员组成的"农村工作组"，与其他各级政府和机构、组织一起解决重大的农村问题。同时，加拿大还设立了农村事务协调部长，由农业部长兼任，并在农业部设立农村秘书处，负责协调和推动农村协作伙伴关系的建立和相互联系，促进农村居民与联邦政府的对话和沟通。

（二）建立"农村对话"机制

通过定期举行的全国农村会议、农村青年对话、在线讨论、民意调查和农村工作组汇报等不同形式的活动，吸引来自农村，特别是偏远北部地区的居民同联邦政府官员进行"开放式双向交流"，讨论农村发展面临的问题、挑战和机遇，并确定需要政府优先解决的问题。

（三）建立"农村透镜"机制

所谓"农村透镜"机制，是指各政府部门在做任何决策或批准任何项目时，都要站在农村居民的立场上，对照联邦政府确定的促进农村发展的重点领域，考虑该决策可能对他们产生的影响。为此，"农村透镜"机制还为各级官员设计了进行决策时必须首先思考的十几个问题。

（四）直接资助农村发展项目

农村秘书处每年都根据"农村对话"的结果，推出和资助不同主题的农村发展项目。例如1998年至2002年开展的"试验创业项目"，就是围绕如何帮助农村居民融资、增加农村青年就业机会等主题开展的。这个项目投资近1200万加元（当时1美元约合1.5加元），分四批共资助了全国307个项目。

（五）建立和完善面向农村居民的信息服务体系

在广大农村地区建立社区信息接入站点，方便当地居民进入各级政府的电子政务网站和其他商业和服务信息网络。农村居民通过这些网上资源，一方面可以获得一般性的咨询服务，包括农村儿童保健、农村旅游、针对农村青年的项目和服务以及在农村地区经商创业等；另一方面还可以就一些具体问题寻求相关信息，并可以向有关专家直接咨询。

除这些措施外，联邦政府还组织专家加强对农村社会经济发展形势的调研，及时提出可行性应对措施，并对协作发展计划的实施情况进行评估和调整。

伙伴协作型模式改变了以往政府高高在上的形象，政府通过协调各部门之间的关系，与村民形成了新型的合作伙伴，积极帮助农民改善生活，促进农村现代化的快速实现。伙伴协作型乡村治理模式的主要价值在于实现城乡的统筹协调发展，通过平衡城市与农村的经济社会发展水平，提高农村社会的整体效益。

第三节 西欧乡村振兴探索

一、德国乡村振兴探索

乡村振兴战略最早起源于德国，其发展经验已经先后被复制到欧洲及以外的国家和地区（如日本、韩国），或者被借鉴成为内容更加丰富的乡村战略（如

加拿大城市近郊复兴）。

（一）德国乡村发展的两个阶段

德国的乡村发展可以划分为两个阶段，即低级阶段与高级阶段。第一阶段为 20 世纪五六十年代针对城市化问题提出的"乡村再发展"战略，其主要内容包括村落的集中整治、搬迁和再建。该阶段德国乡村发展战略提出的背景是，二战后期德国的农业发展，尤其是生物技术和机械化的普及，提高了农业产出效率，加之城市化进程加快，农业人口大幅减少，出现了大量空心村，村庄凋零问题较为严重。这一政策与我国社会主义新农村建设政策提出的背景较为相似，都是考虑了农村人口大幅减少所引起的村庄凋零而提出的、以提升村容村貌及构建现代化乡村服务功能为目的的乡村搬迁整治政策。第二阶段为 20 世纪 70 年代至 90 年代初，其间德国提出以提升乡村经济价值、生态价值和文化价值并举的"乡村更新"战略，即乡村振兴战略。该战略强调乡村面貌的独特性，避免简单复制城市发展经验，重视村庄规划和生态环境的整治，以实现乡村特色与自我更新。

（二）德国乡村振兴战略的内涵

德国的乡村振兴战略是在 20 世纪五六十年代德国实施的"乡村再发展"战略基础上，以提高乡村生活质量和工作环境为主要目标，基于法律框架下大众参与的振兴规划，其以土地整治为核心，是围绕乡村基础建设、农业发展、人居环境、乡土文化四方面内容进行的重大乡村战略调整长期方案，同时是在特定发展阶段对于乡村发展方向的再判断、功能的再定位。

1. 乡村发展方向的再定义

二战后，德国乡村人口分布逐渐从分散走向聚集，村庄由于现代化改造也逐步失去了原有的村貌、活力与吸引力，开始沦为城市的复制品，呈现出与城市同质化发展的趋势。由于人口聚集，乡村也出现了一些与"城市病"类似的问题，如交通堵塞、环境恶化、就业困难等，由此，乡村未来的发展方向成为德国乡村振兴战略的焦点。

2. 乡村功能的再定位

虽然"城市病"增加了城市居民对于乡村生活的向往，但是由于乡村基础设施和公共服务发展的相对滞后，乡村居民无法拥有与城市居民同等的生活条件。为此，德国在乡村振兴战略中将乡村功能升级定位为"城乡等值化"，即政府通过提高乡村公共产品和公共服务的供给使得乡村居民拥有不低于城市居民平均生活水平的条件，其效果是一方面留住热爱乡村生活的人们，另一方面则通过提供就业岗位，推动乡村的可持续发展。由此可见，德国的乡村振兴在某种意义上是通过独特的乡村方式提供城市基本公共设施和服务的改革。

（三）德国乡村振兴战略的内容体系与推进路径

振兴规划是德国乡村振兴战略有序实施的重要保障，也是乡村法治的本质表现。国际经验表明，但凡实施乡村振兴发展战略的国家，如美国、法国、日本和韩国，都会出台相应的法律，以法律的形式规定改革发展方向和基本内容。德国也不例外，涉及振兴规划的法律法规有《德国空间规划法》《土地整理法》和《农业结构预规划》。这些法律法规为振兴规划提供了法律基础，成为德国乡村振兴战略实施的重要条件，同时产生了广泛影响。但德国有别于其他国家的一个鲜明特征在于实施了一项基于法律框架下的乡村居民参与制度。

在德国乡村振兴战略中，乡村居民参与振兴规划主要基于两方面的考虑：首先，通过广泛的公众参与可以对乡村的本来面貌和文化特征给予充分描述，使乡村通过乡村振兴回归到原有的风貌；其次，通过广泛的公众参与可以对乡村生活方式进行充分描述，使乡村居民拥有不低于城市平均水平的生活条件。乡村居民参与的实施方式也使得德国乡村振兴战略呈现出本土化的自我更新的特点，表现为振兴规划的目标和内容在村与村之间各不相同，并依据村庄自身特点进行自我规划、自我更新。同时，为了保障乡村振兴规划的实施，德国还专门设立了乡村振兴机构，如乡村规划工作组，这一组织由乡村居民组成，负责与政府部门协商，制定振兴规划并付诸实施。

土地整治是德国乡村振兴战略的核心。土地是乡村功能实现的载体，要使乡村振兴实现其经济价值、生态价值和文化价值，需对土地进行整治和空间规划。推进策略主要着眼于两个方面：一方面，通过农地自由流转使其连片，提高农业机械化水平和农业规模化效应，进而减少农业从业人口，改变过去乡村对于农业的依赖状态，实现乡村发展的多样目的，如文化价值、生态价值；另一方面，通过对乡村土地的集中整治，逐步实现农业区、工业区、生活区和生态区的分离，提高各个功能区的内在价值，实现乡村的协调有序发展。

乡村基础建设、农业发展、人居环境整治和乡土文化建设四个方面是德国乡村振兴的主要内容，也是构建德国乡村振兴的民生基础、经济基础、环境基础和文化基础。具体而言，乡村基础建设的目的是让居民无论是在乡村还是城市都可以享有同等的生活条件，这不仅要求政府增加必要的公共基础设施，如学校、公路、医院等，还要增加基本公共服务，如教育、医疗、养老服务等。农业发展强调以农业发展为主导的乡村持续发展。

在乡村战略的实施过程中，农业发展的主导性主要体现在两个方面：其一，农业在经济部门的占比逐步提高；其二，农业创业活跃。实现农业发展主导性的具体策略则为：首先，实现农业经营方式的根本转变，即从小规模农场升级为大农场经营方式，摆脱土地细碎化和产出效率低的客观约束，提高农业产值；其次，通过地方产品的品牌化，持续不断地推进农业创业。人居环境整治主要是把乡村生活和工作环境的提升作为乡村振兴战略的主要目标，使乡村居住环境和工作环境显著改善，减少废水、废气等污染，达到生活、生产与生态的动态平衡。乡土文化建设的目的是恢复原有的街道、公园、历史遗迹等，并对一些建筑和标志进行设计，突出乡村文化特征。

综合而言，德国的乡村振兴战略重视前规划，贯彻城乡等值理念，突出在法律和法规的不同层面下对乡村公共产品和公共服务进行有效供给。为了保障乡村振兴的有效实施，德国政府还专门设立了乡村振兴补充决策体系，组织和实施乡村振兴规划，进而形成了一套完整的乡村振兴推进路径框架。

德国乡村振兴战略的推进，从原有决策体系和补充决策体系的协作工作流程出发，建立了相关的乡村振兴机构，如乡村规划工作组、决策委员会和协调工作组，并且其法律框架围绕基础设施建设、农业发展、人居环境整治和乡村文化建设等四方面内容进行制定与实施。这表明，健全的乡村振兴组织机构、法律法规的约束与保障、广泛的大众参与，是德国乡村振兴顺利与持续发展的基础。

二、英国乡村振兴探索

英国的乡村建设与城镇化先后经历了"城市扩张、城市病蔓延、法制规划、乡村有序治理、城乡一体化"的道路，在乡村重建二百多年的实践中，基本形成一种"共生型治理"的发展形态，主要包括四大要素：网格化的共生单元、积极的共生环境、多层级的组织界面和一体化的共生模式。在乡村振兴的实践路径上，遵循三条逻辑规律：一是自上而下的政府顶层设计，通过法制保障实现乡村有序治理；二是自下而上的社区行动与社区参与，通过社区赋能形成合作共治；三是上下互动的集镇发展，通过小城镇建设促进城乡互动与融合。

因此，中国新时代乡村振兴的推进，在振兴单元上，可推进多个乡村"中心极"共同发展；在振兴环境上，应摒弃城市偏向的消极因素，构建城乡平衡发展的积极因素；在振兴界面上，需发展多元化的乡村治理主体；在振兴模式上，要推动"偏利共生"向"一体化共生"过渡。

（一）英国：乡村振兴的先驱与实践者

英国乡村振兴最早始于 15 世纪末，规模庞大的"圈地运动"推进了部分农村劳动力的被动转移，经过数世纪的圈地运动以及随后的农业革命和工业革命，英国在十九世纪中叶（1851 年）就已初步实现了城市化，城镇化率达到 54%，城镇数量接近 600 个。19 世纪末 20 世纪初，快速城市化的英国已发展成为世界上第一个城市化国家，至 1914 年城镇人口已占据总人口的五分之四。根据世界银行 WDI 数据库统计，英国的城市化水平在 2009 年达 90%，城市规模基本接近饱和，此时城乡关系进入稳定成熟的高级发展阶段，更多表现为"有功能差异、无经济社会差距"的状态。不过，由于 20 世纪初存在对乡村发展认知的偏见，过热过快的城市化也给英国带来了复杂的"城市病"、对乡村资源的破坏以及严重的城乡失衡等问题。

一方面，19 世纪末 20 世纪初，由于缺乏政府政策的有效干预，短期内大量农业人口涌向城市，过热的城市化引发了公共卫生、就业、住房、交通等"城市病"问题。据统计，1893—1907 年，英国大约有 50 万英亩的农业用地被作为建设用地用于城市开发与工业发展；1914—1916 年，伦敦工业郊区月工业废弃物排放达到每平方英里 38 吨。

另一方面，随着城市病的蔓延，英国在 20 世纪中后期又出现"乡村漫游"、城市"郊区化"甚至"逆城市化"现象，特别在 20 世纪 60 年代之后，出现了大量城镇人口向农村地区净迁移的趋势，这造成了对乡村生态的不可逆破坏。有研究指出，从 1971 年到 1995 年，英格兰农村地区的人口增长了 21%，而在 1978—1998 年，英格兰 12 种主要农田鸟类的数量下降了 58%，环保组织认为这是对"农村生活方式"的严重威胁。

除此之外，城乡发展差距进一步拉大，城市与乡村的分野在外部形态、文化发展与经济社会功能等方面异常显著。统计显示，二战结束后的相当一段时间里，城乡居民平均收入差距达 1674 英镑，有 22% 的乡村自主工作者处于贫困水平。英国乡村联盟甚至指出，如果不对目前的政策进行调整，也不采取有效的乡村行动，乡村社区将逐步沦为不可自足和不可持续的"半卧城"。

基于乡村发展中的上述问题，英国政府在 20 世纪 30 年代后正式开启了乡村振兴与城乡一体化的政策探索，维持工业与农业的平衡成了历届政府的执政原则之一。作为城乡一体化实践的先驱者，英国在农业开发与发展、乡村建设与生态保护以及城乡融合发展上有着丰富的经验积累。当下中国正处于急剧的城乡社会转型之中，经历着"乡村空心化、农民工城市融入、生态破坏、区域差距"以及"城乡发展不平衡与乡村发展不充分"等城镇化发展进程中的普遍性问题，英国作为全球乡村建设与城镇化发展的典范，通过探讨英国乡村振兴的政策框架与实践逻辑，对新时代中国乡村振兴与区域协调发展有着重要的借鉴价值与意义。

（二）共生型治理：英国乡村振兴的一个解释框架

共生理论是生态学中的核心理论之一，本质内涵主要是强调共生体之间的合作互补与共同进化，旨在通过均衡的利益配置与能量交换，达成一体化共生的发展形态。从这一理论视角来观察乡村建设以及城乡关系研究是一种新的突破与尝试。

简言之，"共生型治理"指的是不同性质但又相互紧密联系的治理主体，在一定环境中按某种共生模式或机制形成的关系网络和治理形态，目的是达致一种合作共治与协同发展的状态。当下关于振兴的探讨，主要集中于从社会学、地理学、历史学、公共管理学等角度研究村庄转型与重建、村庄规划与再造、乡村精英回流与乡贤文化塑造、乡村公共服务供给与治理结构再造等问题，但无论是何种问题解释，乡村内部的充分发展以及与城市的融合都离不开"政府—社会组织—农民"等多主体的协同共治，而"共生型治理"的新模式恰恰是乡村社会治理主体多元化的切实表达，是乡村振兴的策略选择。

因此，"共生型治理"为乡村振兴提供了一个有力的理论解释框架。总体上看，英国的乡村振兴是一个通过集体努力，旨在改善生活在城市以外地区人们福祉的过程，是在政策机制的不断变革中，实现多个乡村地区的互惠互动与整体性发展。这是一种典型的乡村"共生型治理"发展模式，这种治理框架主要包括四大要素：共生单元、共生环境、共生界面与共生模式。

1. 共生单元：乡村振兴的对象与客体

共生单元是指共生治理的客体与对象，是共生系统内资源交换的基本单位。从场域空间来看，乡村包括"农村"与"集镇"，是县域内村镇聚落形态的有机集合，新型城镇化与乡村振兴作为一个共建共促的整体，构成了乡村建设的共生治理单元。不过由于农村区域发展显著的差异性，乡村地域的发展动态与特征类型亦存在多样化的形态。在英国，通常是从历史文脉（文化差异）、土地利用性质（功能定位）、人口聚居规模、社会特征、经济总量、公共服务设施等方面区分城市与乡村。

直到 2004 年，英国环境、食品与农村事务部首次依据人口密度与居住形态对城市与乡村进行了统一性的界定，将 1 万人口以下的居住区定位为乡村，并通过不同的聚居形态对乡村进行细分。这一划分弱化了城乡二元界隔，构建了新的城乡区域规划空间单元。之后，英国政府定期对乡村地域的界定进行局部更新，并且划分标准越来越趋向精细化，除了人口密度与居住形态指标外，又逐步增加了"乡村性、乡村风俗、家庭密度、城乡联系度、住宅集中度、商业集中度"等指标综合考量，形成了乡村地域空间系统单元的网格化管理。

根据 2011 年最新的城乡规划体系，英国政府将乡村空间界定为六大区域：城镇边缘区、稀疏区城镇和边缘区、村庄、稀疏区村庄、村庄和孤立住所、稀疏区村庄和孤立住所。依据居住形态，又进一步将乡村分为六类：乡村腹地、养老型社区、交通型乡村、流动式社区、流动式乡村、定居型社区。因此，英国乡村振兴的治理单元即是这六大区域和六类村庄，根本目标就是要在乡村振兴主体的协同、参与、合作与共治中形成对乡村地区的网格化治理，实现六大乡村地区的整体性振兴与发展。

2. 共生环境：乡村振兴的"积极因素"与"消极因素"

共生环境是指影响共生单元发展的变量和条件，包括积极因素与消极因素。自 1909 年以来，英国政府先后制定了数十部关于城市化与乡村发展的法规、条例与细则，为英国乡村振兴营造了积极的共生治理环境，英国乡村也因此获得了更高质量的发展效应。

（1）城乡协调发展规划政策

英国的城乡发展规划源于 19 世纪末，最初更多偏向于城市，以应对快速城市化引发的"城市病"问题。直到 1932 年，乡村才正式被纳入城乡空间的统一规划之中，并颁布首部《城乡规划法》，旨在通过空间规划解决农村土地占用矛盾并促进城乡融合。之后经历 12 次修订，内容和功能不断完善，但有两项重要的原则一直被延续，即"遏制城市蔓延和保护乡村生态"。其中，1947 年修订的《城乡规划法》首次将土地所有权与开发权分离，为英国后续城乡有序发展奠定了坚实的基础。

（2）乡村耕地保护、农业发展与生态保护政策

在 20 世纪上半叶，为限制城市的"破坏式"扩张，英国政府先后出台《限制带状发展法》与《绿带法案》，旨在通过建立绿化带保护乡村农业用地。同时，为应对农产品短缺，又先后颁布《斯科特报告》与第一部《农业法案》，制定了一系列限制城市过度蔓延、支持农业补贴、扶持农业有序发展的规划方案。20 世纪中叶之后，居民对高质量生活环境的需求日趋强烈，乡村政策制定的目标从"农业耕地保护"逐渐转向"乡村生态保护与社区生活质量的平衡发展"。于是，1949 年后英国政府陆续颁布《国家公园与乡村通达法》《英格兰和威尔士乡村保护法》《村镇规划法》，试图通过国家公园、乡村公园以及自然美景区的设立，保护乡村生态与农业土地。1978 年之后，英国政府甚至先后进行了四次全国性的乡村综合调查，构建起长效化的乡村地区生态环境评估机制

（3）乡村经济社会发展战略

英国乡村经济可持续性发展战略的制定以生态保护为前提，包括三大方面：一是共同农业发展政策，这是英国 1973 年加入欧共体后建立的与乡村发展相关的最大支出方案，目的在于推进农业区域的协调发展，受此政策影响，每年可通过"不利地区支援计划"向农业低产出地区补助每公顷 25～200 英镑；二是乡村公共事业的财政支持政策，包括职业教育网络支持计划、乡村基本支付支持计划、乡村经济发展主体支持计划；三是农村综合发展政策，这是以组织协调为核心的一个政策框架，旨在推进农业、乡村工业、乡村景观、乡村公共设施的统筹发展。

除此之外，进入 21 世纪后，英国政府越来越重视村镇的可持续发展，比如，《英格兰乡村品质生活规划》《英国农村战略》《第 7 号规划政策文件：乡村地区的可持续发展》、欧盟《2007—2013 乡村发展七年规划》等法规的陆续颁布，均表明生态宜居、可持续性、农业发展、活力社区成了英国政府在新世纪继续努力的方向。

3. 共生界面：乡村振兴的载体与平台

共生界面是共生系统内部利益交换的平台与载体，是共生能量、信息和资源传输的媒介通道。共生界面在衔接城乡空间、促进城乡经济要素耦合、推动城乡产业要素融合等方面起到重要的"卫护"与"交换"功能。在英国，乡村振兴的共生界面是一个多层级的组织体系，重点包括：中央政府部门、国家法定机构、地方机关和区域部门、环保组织与其他志愿团体，基本形成了"中央部门负责—地方机关协同—社区组织参与"的共生治理形态，极大促进了乡村

建设与城乡融合。

首先，中央政府部门和国家法定机构是乡村振兴中的"规范面"与"引导面"，是乡村振兴制度设计的核心载体。农业渔业和粮食部、环境运输和区域部、财政部构成英国乡村振兴的三大主要中央部门，重点负责共同农业渔业政策的实施、农村发展计划的拟定、乡村经济发展主体支持计划的落实、林业与乡村环境政策的完善、农村发展方案开支和政策优先次序的决定。国家法定机构主要包括：农村事务委员会、乡村署、环境署、农业和农村保护署，四大机构的关键职责在于研究制定消除城乡差距的政策、负责乡村景观设计与管理、执行水质指令和农业污染的法规、协助政府设计有关农业与环境保护以及农村经济一体化的政策。

其次，地方机关和区域部门是乡村振兴中的"协同面"，是优化乡村治理的主要载体。由于英国区域发展的差异和特殊性，除了设立区域办事处协调地方事务外，还专门成立一些地方部门以促进经济社会建设，比如，农村政策办公室既拓宽了地方政府在乡村规划中的职能，也增强了乡村发展中社区的参与性与灵活性。

最后，社区组织是乡村振兴中的"参与面"，是协调乡村治理的重要载体。环保组织是影响英国农村政策最重要的游说团体之一，主要有英国皇家鸟类保护协会、英格兰乡村保护委员会和世界自然基金会，每一个组织都有着特殊的职能属性并且互相联系紧密，专注于农业政策、农业实践和生物多样性方面的活动。除此之外，全民信托基金、全国农民联盟、英国乡村保护运动等志愿团体，在乡村遗产、土地所有者的利益和乡村生态景观的保护上均发挥了至关重要的效用。

4. 共生模式：乡村振兴的形态与机制

共生模式，即共生关系，是乡村振兴的形态与机制。从组织程度上看，共生模式包括四种形态：点共生、间歇共生、连续共生与一体化共生。其中，"一体化共生"是共生系统的总趋势和演化方向。

英国城市化与乡村振兴的历程基本表现为从"点共生"向"一体化共生"变迁。在19世纪中叶至20世纪初期，英国乡村发展是一种"点共生"的治理模式，即政府的政策规划以城市单元为中心，通过"重工抑农"的政策推进城市化的快速发展，此阶段的城乡差异明显，乡村耕地占用与生态环境破坏现象严重，乡村单元的发展遭到忽视与排斥。由于缺乏政府有效的干预，快速城市化引发了一系列城市病问题，20世纪初期至中叶，乡村单元被正式纳入城乡规划，农业耕地的保护和生态治理得到重视，但尚未形成系统的农村发展政策框架，此阶段的乡村发展基本是一种"间歇共生"的治理模式。20世纪中叶至80年代，逆城市化的出现意味着人们对乡村生活日趋向往，此阶段除了继续加大对乡村生态的保护外，政府更加注重生态与社区生活质量的平衡发展，并努力推进农业的规模化与市场化经营，另外，小城镇的建设亦成为城市与乡村联结互动的纽带，乡村发展逐步形成完整的政策框架，因此，此阶段乡村发展呈现出了"连续共生"的治理形态。进入20世纪80年代后，城乡统筹与协调已成为英国乡村振兴的核心内涵，乡村振兴已基本实现共建、共享、一体化共治的形态。正如英国政府在《我们未来的乡村》白皮书中所描述的那样，"一个提供高质量公共服务的宜居乡村，一个经济活动多样化、就业稳定的乡村，一个环境可持续发展的乡村，一个社区自助、富有活力的乡村"。

（三）英国乡村振兴"一体化共生"的治理逻辑

1.自上而下：政府设计、法制保障与有序治理

英国在乡村重建上一直有着所谓"自上而下"的历史性做法，中央和地方部门的主要倾向是，依据乡村地区的实际需要来制订发展计划，并"自上而下"地贯彻和完成。在实践中，主要奉行"规划先行、法制管理"的核心理念，通过中央政府部门的顶层设计为振兴乡村提供制度保障。21世纪初以来，数十部乡村建设法案的颁布，在"产业、生态、乡风、生活"几方面有效推进了乡村振兴与城乡有序治理。

（1）政策游说、技术下乡与产业创新

发展新兴的农村创意产业在英国被视为重塑农村经济和文化生活的关键。在实践中，创意产业的"最佳例子"大多来自都市中心，如何将城市创意产业与乡村"生活质量"或"宜居性"关联，并吸引有创造力的人才支持乡村是其中的核心。通常农村创意产品的市场定位主要依靠地方节日的再包装促进农村协调发展，不过近年来在农村艺术团体的游说下，城市技术下乡与乡村创意产业的联合发展政策被进一步推出，艺术文化在乡村旅游、农场多样化、手工艺和食品销售等多方面新的融合效用明显加强。乡村创意产业政策和多样化的经营模式对于吸引、培育和留住城市中的创意人才，促进乡村经济共享发展和高效农业生产体系建立发挥了重要作用，现已成为农村复兴的有效工具。

（2）生态修复、绿色发展与乡村宜居

生态保护自始至终是英国乡村振兴的重要原则之一，要求在开发与促进乡

村经济社会发展的同时，势必要保存地方特色与乡村环境免遭侵蚀，生态环境与社区质量平衡发展尤为关键。特别在 20 世纪 30 年代，英国提出了"保护性治理"的乡村振兴理念，之后通过设置"国家公园""乡村公园"和划定"自然美景区"等机制，严格保护乡村土地、林地、公园、湖泊等乡村自然资源。另外，在城镇化过程中，英国还特别注重对历史建筑的保护以及生活垃圾的分类处置，一方面，明确规定在开发过程中反对破坏与拆除乡土文化特征建筑，应通过精心的修缮提高其保存质量和文化价值；另一方面，通过立法规范垃圾分类处理，形成干净、整洁、生态宜居的乡村居住地。

（3）农业发展、耕地保护与乡风文明

在乡村振兴过程中，英国主要通过建立"绿化带"机制保护耕地和农业发展，严格规定在绿化带内建设新的开发项目，以保护现有农村特征不受侵蚀，如设定"环境敏感区"与《树篱管理细则》以保护乡村生态。在耕地保护的机制下，二战后英国农产品服务业和畜牧业快速发展，牧场占地接近半个英国土地面积，畜牧业产值占到农业总产值的 50% 以上；同时，信息技术与农场规模化的发展也推进了农业生产的精准化与智能化。由于英国政府对农业和耕地的保护与管理，英国的乡村特色得到完好保存，牧场、草地、树篱、乡村道路等带着浓厚的乡土性，营造出宜人的乡风文明。

（4）生活本位、政策支持与城乡趋同

在一系列乡村宜居与惠农政策的支持下，英国城市与乡村呈现出经济社会一体化的特性。一方面，形成稳定的增收机制，通过与城市的产业联动，乡村居民收入不断增加；另一方面，乡村劳动力就业率与城市趋同，由于长期支援乡村政策的实施，投资主体大量进入乡村并有效带动劳动力市场，乡村呈现出多样化的就业分布。除此之外，在基础设施上，英国政府通过住宅、水、电、燃气、公交等控制措施以及"农村宽带计划"，缩小城乡软硬件差距；在公共服务上，通过补贴职业教育、设立农村治安基金、处理与回收垃圾、建立一体化金融服务计划等方案，有效提高了乡村居民的生活质量与便利程度。

2. 自下而上：村庄评估、权力下放与社区参与

和传统意义上"自上而下"的乡村振兴路径不同，进入 20 世纪 80 年代后，鼓励地方社区和志愿组织积极参与英国乡村发展成为一种新倡议。这种方法强调利用他们的技能、热情、精力和对乡村性的熟悉度，以及授权他们采取行动从而实现农村地区经济、社会与环境政策的整合与可持续性发展。通常而言，这种地方决策可能比"自上而下"的统一计划更能回应当地情况，在确定乡村

需求和解决地方问题上更有效率。于是，一系列以"社区主导"为核心的创新方案被提了出来，其中，"村庄评估机制"被认为是乡村重建最有效的工具之一，可有效促进乡村社区的可持续性发展。

（1）村庄评估：社区赋能与社区行动的有效机制

村庄评估机制是由社区自身对乡村农业、环境、基础设施等各方面展开的综合性调查，目的包括三点：发现过去、记录现在、讨论村庄或社区的未来，核心是社区成员自己决定调查什么、如何调查以及呈现调查结果。该机制的优势是通过创建一个合法的"社区身份"，赋予社区确定自身需求的权利和能力。在实践中，绝大多数村庄评估都是通过社区成员自己设计、管理和分析的调查问卷实现，亦有一些问题是通过观察、交谈等方式总结村庄建设的实际需要，主要目的是发现社区发展中最突出的问题，由此确定社区的优先发展事项以及所需的目标资源。之后通过举行社区会议，由乡村委员会以及相关法定机构一起推动这些特定问题的解决。应该说，这种乡村社区公共需求自我发现与动员的机制，有助于激励当地人的积极参与，被认为是赋予社区权力的重要手段，是乡村社区可持续性发展的催化剂。

（2）地方赋权："服务—指导"而非"控制—监督"

和以往相比，乡村社区建设已不完全依赖政府的外部支援，村庄评价和其他以社区主导为本的实施方案越来越被社区居民看作是"授权社区"的合法性机制，可有效促进社区自助并激发社区自治的潜在价值。随着这些方案的系统化与成熟化，地方相关部门和机构也逐渐将"社区实验行动计划"设定成一种常规化的行动方案，用于为乡村社区更广泛建设目标的实现提供指导与服务。比如，在英格兰北部社区发展策略中就明确指出，要尽可能寻求各种项目中的协同作用以及与社区发展组织建立起"伙伴关系"，通过引导确定和解决农村面临的社会问题。这也进一步表明，地方政府在社会治理形态上也正经历着从"控制—监督"向"服务—指导"的现代化转型。有研究估计，自20世纪70年代初以来，英国至少有1500个农村社区进行了有效评估，这已成为农村社区发展中越来越重要的因素。

（3）公众参与："政府—社区组织—积极分子"合作共治

在英国，居民参与农村区域规划已成为一种基本需求模式，而政府的角色则被视为"倾听者"与"合作者"。并且，社区参与的吸引力在于乡村社区的发展越来越倾向于"自下而上"进行事务决策，是基于个人、团体和组织的意愿，这可有效调动当地农村社区的资源和个人技能，并能从政府的支持项目中获得社区发展的内生力量。村庄评估机制和其他社区主导方案均离不开一个关键原则，即政府与社区组织、村庄积极分子之间的合作共治。首先，政府部门的支援与引导是核心，英国政府构建了一个支援性的乡村振兴政策环境，使社区主导的倡议能够获得持续发展，特别是向地方组织和社区团体提供实质性的支持，以促进它们参与到村庄社区评价与建设中来。其次，社区主导行动方案的实践尝试，意味着英国传统决策与地方治理形态的重大突破，社区组织"自下而上"的积极参与和"自上而下"的政府传统决策形成互补，极大提高了乡村社区建设的质量与效率。最后，村庄评估实践的成功离不开那些热情、精力充沛的"社区积极分子"，他们通过发起乡村建设任务，营造社区发展的合作与参与的建设氛围，进而促进乡村更新与再生。

3. 上下互动：田园规划、集镇发展与城乡融合

除了"自上而下"与"自下而上"的路径外，还有一种路径对英国农村经济社会的发展和多样化农村经济的创造发挥了至关重要的作用，这就是"集镇"的发展。作为一个"中间层"与"次级中心"，集镇成为联结周边乡村腹地与大城市之间互动的枢纽与驱动力。

（1）理论依据："田园城市规划"与"次级"城市发展战略

英国集镇的发展可追溯到 1898 年埃比尼泽·霍华德针对大城市病问题而提出的"田园城市"规划构想。他指出，田园城市是融合工业区、居住区、农业区、生活区、商业区于一体的，连接城区与外部农村的先进合理、功能完善的新型小城镇。它包括三大特点：一是，用人口规模和密度控制城市标准，规定适宜人口不超过 32 万人，城乡人口比例为 15∶1，城市的发展不能依赖土地扩张，而是靠新增城市形成城镇群；二是，田园城市的土地形式是社区所有制，城市的基础设施建设需严格规划并由城市承担预算支出；三是，田园城市是集城市与乡村生活的优点、福利、文化、环境为一体的生态城市模式。这为英国城市化问题指明了方向。进入 20 世纪 80 年代后，朗迪勒里还提出了"次级城市发展"的实践战略，旨在通过多个"中间中心"或"次级城镇中心"的建立，形成"大城市—次级城镇—较小城镇—乡村"的平衡发展，达到振兴城市极与村庄极的双重作用。这些理论和战略有效促进了英国乡村振兴与城乡融合。

（2）集镇发展：城市与乡村腹地的联结枢纽

受"田园城市"理论的触动，英国政府特别重视"集镇"的发展，认为城乡区域的整体性发展不应该将资源都集中于几个主要的城市中心极点上，将农村区域发展也作为政策的一部分，协助推进更多"中间层"或"次级中心"在更广阔的地区发展尤为重要。因为繁荣的集镇在提高周围农村地区竞争力和创造农村经济多样化上具备较强的吸引力，它不仅是大城市功能的延伸，更是乡村腹地的供给中心和联结城乡的中枢。在区域范围内，中小型城镇以及这些集镇之间的网络合作被视为农村地区经济发展的引擎，可有效发挥农村经济潜在的增长极作用。在实践中，英国集镇的发展基本是从村庄集市功能发展而来，这有三点考量因素：一是，发展集镇的村庄是否能对周边乡村腹地产生扩散效应；二是，是否具备合适的土地资源、水源等，以满足居民基本的公共服务需求；三是，是否会破坏乡土文化、历史建筑与公共空间。对于集镇具体的发展政策，英国政府一直重视小城镇基础设施、公共服务的建设以及能源的高效利用，注重小城镇的宜居性和可持续性发展，它们集城市文明与乡村特色于一体，使集镇与大城市在住房、就业、商业、医疗、福利等方面基本不存在城乡差距。根据"田园城市"理论规划，在 20 世纪 40 至 70 年代，英国陆续建设了 33 座新型田园小城镇，极大缓解了城市病，带动了乡村发展活力并促进了城乡有效融合。

（3）城乡融合：区域性、网络化与整体性治理

在英国，集镇与乡村社区的可持续性发展基本纳入了"中央—郡级（次区域）—村镇"三级综合治理框架，逐步形成了一种区域网络化的整体性治理格局。为满足多个中心与次中心城镇极的发展，英国政府还设立了"区域空间战略"和"地方发展战略"框架，目的在于明确不同地域的差异化发展目标与行动规划。2013 年颁布的《英国农业技术战略》将大数据应用到乡村农业发展，进一步提升现代农业的发展效率，这使得 2014 年英国的农业总产值净增加接近 100 亿英镑，并且，现今大多数农村家庭平均收入高于全国水平，有 1／3 的家庭甚至处于较高水平。应该说，英国乡村振兴中集镇的发展、社区互助的理念以及多行动者的参与，已经意味着传统国家治理出现了现代化转型，政府已并非城乡区域治理的唯一主体，而是包括国家、地方、社区组织、居民在内的新的区域网络化治理，特别是大数据等现代化信息技术的运用，使得碎片化的政策和部门能够形成有机协调与整体配合，在立足居民或社区需求的导向下，建立起一种合作共治、整体性服务的政府治理新图式。

第四节 国外乡村振兴探索的经验启示

一、东亚乡村发展对我国乡村振兴的经验启示

韩国的新村运动从本质上来讲是一场从脱贫致富走向环境整治的乡村振兴运动；日本则是依靠发掘乡村地区的多元价值，走精品农业与产业融合路径，不断拓展乡村多重功能，延伸农村产业链，走特色产业振兴乡村发展路径。

国外乡村振兴发展模式的共同经验：一是乡村振兴发展需要政府充分发挥引导作用，明确乡村居民的核心建设者主体地位，不断完善乡村基础与公共服务设施建设，提升农村居民生活水平；二是要注重精准施策，规划先行，因时、因地制宜的推进各类乡村地域性的差异化、特色化振兴路径；三是要注重乡村产业融合发展，不断拓展农业农村功能，形成多元复合的农村产业体系，激发乡村内生发展动力，走产业振兴发展路径；四是要坚持循序渐进，针对农村发展不同阶段，合理制定乡村发展目标，采取与之相对应的政策干预与调控手段，确保各阶段发展目标的实现；五是要不断完善立法，保障各项政策的有效实施。分发挥政府引导与农民核心建设者作用。

韩国新村运动的成功在于政府的积极有效的引导和发动全社会参与乡村建设援助，强调"勤勉""自助""合作"的创新精神，满足广大农民群体享有基本权利的本质需求，通过政府引导调动广大农民参与乡村建设的积极性，充分发挥农民核心建设者作用，培养村民自治的乡村内生力量，这也是韩国迅速实现农业农村现代化目标的根本原因。在乡村建设过程中，可以借鉴韩国经验从农民本质需求入手，充分发挥政府强大的组织与引导作用，因地制宜，以人为本，建立激励机制，调动农民参与建设的积极性。

以国土空间规划为支撑，引导乡村健康发展土地资源是乡村规划建设的核心，而空间规划是引导乡村有序健康发展的有力保障。应充分借鉴日本、韩国乡村发展经验，以国土空间规划为支撑，通过制定全覆盖的土地利用框架体系，实现乡村地区的农业生产用地、建设用地与生态用地的科学规划，引导乡村产业有效集聚，进而规范乡村自身建设行为。

以公共服务能力为导向，推动乡村区划调整。日本的乡村区划调整贯穿城乡发展的各阶段，主张以公共服务能力为导向，推动村庄自主合并，是提高地

方管理效能的有效举措。目前，我国乡村发展仍处于以行政单元为基础的公共服务设施建设模式，公共服务覆盖存在交叉、重复建设、空白、部分设施利用率低下等问题，进而导致公共服务能力无法充分发挥其优势，而出现乡村公共服务水平不均现象。

因此，在乡村振兴战略实施过程中，应充分借鉴日本乡村区划调整经验，综合考虑乡村发展各方面因素，整合乡村优势资源，推动乡村区划有序调整，转变乡村公共服务配套方式，进而实现乡村公共服务均等化目标。

推进农村土地制度改革，发展规模经营。中日两国在土地规模、发展需求、农业生产经营方式与资源禀赋等方面存在共通之处，虽在农业生产总体规模、水平与技术手段等方面存在一定差距，但日本、韩国在土地制度和规模经营等方面的发展经验值得借鉴。因此，在乡村振兴过程中应充分立足当前乡村发展需求，以农村土地制度与农村经营权流转改革为核心，积极推进农村集体建设用地入市，盘活空闲资产资源、不断壮大农村合作社、农村股份合作有限公司等经营体，发展规模化经营。

发掘地方特色产业，培育地方"精品"。日本通过引导大城市产业向乡村地区延伸，有效带动了广大农村地区的非农产业发展，而后又通过发起乡村"一村一品"运动，充分发掘乡村地方特色，提高农产品自身价值，塑造富有地域性特征的产业集群，培育地方"精品"，大大提升了农村经济发展水平。因此，在乡村振兴过程中应注意引入一些环境友好型工业来带动乡村工业发展，同时充分发掘乡村地方特色，积极培育一批具有地域特征的乡村特色产业，实现乡村地区产业可持续发展。

以技术创新为手段，探索三产融合机制。农业生产技术的创新可以大大提高农业生产效率，进一步释放劳动生产力。日本通过农业科学技术的不断革新，其农业生产设施、种植技术以及生产方式得到了长足进步，进而实现了农业农村现代化。因此，乡村发展应以技术革新为核心，不断推进乡村生产方式变革，提高农业生产效率。

与此同时，随着当前信息技术的不断快速发展，在乡村振兴过程中应积极探索三产融合机制，发挥网络信息技术优势，延长农村产业生产链条，完善农村产业生产体系。通过"大数据""互联网＋"等新兴技术的加持，不断拓展农村产业融合覆盖面，实现农业产品多元复合价值增值，进而以产业振兴助力乡村振兴。

二、北美乡村发展对我国乡村振兴的经验启示

（一）美国乡村发展对我国乡村振兴的经验启示

1. 农业发展是乡村振兴的基石

乡村和城市的主要区别在于产业态的差异，农村是以农业为主体产业形态的，城镇是以工业和服务业为主要产业形态的。随着城乡融合，有些产业态在城乡之间有一定的交叉和交集，但仍然改变不了城乡各自的主体业态。要实现乡村的振兴，一定要以农业的长足发展为基础，把农业振兴和发展看成乡村振兴的基石是非常重要的。从美国农村发展看，整个农业的发展和振兴，尤其是农业国际竞争力的提升为美国农村发展提供了充分保障。我们在实现乡村振兴过程中，应当借鉴美国的经验，千万不可忽视农业的发展而空喊口号，以免贻误乡村发展的大好时机。

2. 乡村振兴要树立全局观

美国的乡村发展是放在国家发展战略和全局视角下进行的，具有宏大的国际视野，这为美国农业直至乡村发展提供了广阔的发展视野，也为美国农业国际竞争力的建立提供了长足的贡献，造就了今天美国农业发展的国际地位。对于我国而言，我们要充分认识到我国农业发展的优势和劣势。对于优势，要进一步挖掘和利用，把优势进一步转化为生产力和竞争力，让地区农业成为全国甚至全世界成为有竞争优势的产业；对于劣势，要不断地弥补不足，分析存在的差距及原因，尤其是要注意挖掘其特色，培育竞争优势。在农业发展壮大的基础上，要把整个乡村发展，包括环境、交通、文化等的发展更加完美地结合起来，实现乡村振兴，最终实现农民的"人的发展"。

3. 乡村振兴要以法律为保障

美国社会发展非常注重立法的保障作用，在农村发展过程中也秉承了这一精神，以法律的形式对农业、农产品、农资、土地甚至与农业相关的食品、农村发展政策等做了规范。这样做的好处是能够提升政策和制度的约束力，也保持了政策的前后连贯和一致，避免政策随意变动对发展战略和计划的冲击，具有很强的前瞻性。我国乡村振兴应当借鉴美国的做法，把一些政策理念、方式方法，尤其是乡村振兴战略的核心和要点、思路及目标以法律的形式固化起来，体现战略的法律效力从而提升执行力，这样可以加深我国乡村振兴推进的效力，

提升乡村发展实力。

（二）加拿大乡村发展对我国乡村振兴的经验启示

加拿大乡村社会从传统到现代的转型过程对发展中国家的乡村建设具有某种史鉴价值。市场力量导入加拿大乡村后产生了产业、人口、社会结构等一系列变化。而加拿大政府的政策应对及其成效表明，政府面对乡村在市场化过程中出现的衰落，应该意识到完全市场取向的公共政策可能导致市场力量对乡村社会的过度侵蚀；乡村复兴的希望首先在于政府对乡村提供积极性保护。加拿大的经验对于单纯借助市场力量振兴乡村、解决中国"三农"问题的思路，具有警示意义。

加拿大的情况表明，传统乡村社区本来是相对独立的经济、社会、文化实体，市场化推进会直接促进现代农业的发展，同时也会导入使乡村社会衰落的因素。如果政府采取新自由主义意识形态指导下的市场化导向的公共政策，则会造成乡村的进一步衰落；而政府对乡村的积极保护以及农民的理性选择，则会成为乡村地区复兴的重要力量。

乡村能否复兴，一方面取决于政府是否通过对乡村社区的积极干预来缓解市场力量的过度侵蚀，弥补市场经济在彰显效率时对乡村社区造成的损害与忽视；另一方面也取决于农民自身能否通过合作社和农会等有效组织形式，在市场中保护和争取自身的利益。一旦政府积极介入乡村，改善道路、通讯、电气等乡村基础设施等，会使乡村居民的经济、社会活动范围都远远超出他们所居住的社区。乡村社区公共服务供给能力的增强也会减少乡村人口的实际困难与担忧，使乡村社区成为生产、生活场所的选择，为乡村社区带来更多的就业机会。在资源配置中，因为自身在市场中的竞争劣势，或出于对乡村景观、产业或社会文化价值的偏好等各种原因而继续留在乡村或选择在乡村社区工作与生活的人们，也有需要和动力使乡村社区继续作为满足居民经济、社会及情感需求的实体而存在。如果这两方面的力量配置得当，乡村地区在现代化进程中是有可能实现转型和存续的。

三、西欧乡村发展对我国乡村振兴的经验启示

（一）德国经验对我国乡村振兴的经验启示

乡村振兴战略是工业化和城市化高速发展过后，以缩小城乡差距为目的的重要战略举措，许多国家通过自身的乡村振兴战略走向了乡村协调发展的道路。

当前，我国乡村振兴战略的理论内涵、主要内容、推进路径框架等还处于初步构建阶段。为此，根据德国乡村振兴发展经验，对我国乡村振兴战略的构建和实施提出以下建议。

第一，明确乡村发展理念，突出其对于乡村振兴的全局指导作用。根据国际经验，但凡实施过乡村振兴战略的国家，都会首先明确和构建乡村发展理念，使乡村振兴战略的内容围绕这一理念展开，如德国"乡土化"和"城乡等值化"发展理念。构建我国乡村振兴的发展理念要准确把握我国乡村形态及变化趋势，其主要特点是乡村与乡村之间已经分化成为不同类型——传统村落、城中村、中心村，呈现出不同的发展方向，这决定了发展理念的构建应具有层次性。

第二，构建实施乡村振兴战略的法律框架，依法保障乡村规划、乡村建设和乡村管理等过程。构建原则可以借鉴德国经验，以发展理念为基础，在不同层面上构建法律保障体系，通过法律和法规的形式推进乡村振兴各个层面的分工与协作。根据德国经验，以《空间规划法》《农业结构预规划》《土地整理法》等法律为基础实施的乡村振兴战略，既给予了实施主体稳定的预期，又保证了实施过程的有序化。并且，这些法律法规对德国乡村发展的保障一直持续到今天。

例如，德国至今仍然延续的《土地整理法》，对农地合并提供了法律基础和土地流转保障，而农地合并的稳步推进，则使得德国的农业经营模式发生了巨大转变，逐步实现了农业现代化，产生了经济的正反馈。

第三，突出以乡村居民参与为基础的乡村振兴规划，强调结合自身发展实际情况和发展目标来实现自我更新。对于乡村居民的参与方式，可以借鉴德国经验，在地方设立乡村规划工作组，以乡村居民作为参与主体，提出本地"乡村振兴"构想，由学者论证，与当地政府相关部门共同协商制定规划内容并付诸实施，同时充分体现乡村振兴规划在乡村振兴中的基础作用。

第四，要对未来农业经营发展道路有充分的认识，抓住乡村振兴的机遇，加快农业经营方式的转变，逐步实现农业现代化。从农业发展角度来看，德国的乡村振兴过程是德国小规模农场经济转型升级为大农场经济的过程。二战后期，德国农业遭受小规模农场经济的困扰，土地细碎化、产出效率低，特别是随着德国经济的速发展，农业投入成本、市场交易成本等各类相关成本急剧上升小规模农场已经无法通过任何方式获取利润。为帮助小规模农场向规模更大、收益更高的大农场模转型，德国在乡村振兴战略中实施了农业经营模式转变的策略。德国先后通过了《农业法》和《土地整理法》，允许土地自由流转及土地合并整理，为农业经营方式的快速转变提供了法律基础和土地流转保障。如前所述，德国的土地合并至今仍在进行。据德国统计局的统计数据显示，截至2016 年，通过持续不断的土地合并，德国农场数量已从 2013 年的 285 000 个下降至 275 400 个，三年间减少了 9 600 个。

第五，借鉴德国空间和自然秩序构建经验，对乡村农业区、工业区、生活区和生态区的空间进行合理规划，实现我国乡村的可持续发展。空间和自然秩序的构建强调乡村的可持续发展应注重乡村内及乡村外各类资源的空间合理分布，在强调自然资源比例的同时，也强调其与经济、社会资源的比例结构，使其协同发展。

在乡村战略的实施过程中，德国政府非常重视空间和自然秩序的构建，乡村振兴规划以《德国空间规划法》和《农业结构预规划》等法律法规为基础，通过合理的空间规划，逐步实现农业区、工业区、生活区和生态区的分离，平衡乡村经济、社会和生态发展，也明确了坚持基本农业和生态资源保护的原则，减少生态资源的浪费，这一经验值得借鉴。

（二）英国共生型治理对我国乡村振兴的经验启示

城乡关系演变的最终方向是形成一体化的共生关系，即将城市和乡村的优势有机结合，实现利益互换、功能互补与资源共享。

英国是第一个实现城市化的国家，先后经历了城市扩张、城市病蔓延、法制规划、乡村有序治理、城乡一体化的道路，在乡村振兴的实践中，基本形成一种"共生型治理"的发展模式，特别是"自上而下（法制设计）、自下而上（社区参与）、上下互动（集镇发展）"三条实践路径的有效经验，为中国等乡村振兴与城市化发展中的转型国家，提供了有价值的内在规律与启发。

1. 振兴单元：差别化策略与多中心治理

一是，推进多个乡村"中心极"单元的共生治理。和英国集镇发展一样，并非所有的乡村单元都能有效振兴和推进城镇化，乡村振兴需要综合考虑人才、技术、产业、资本等生产要素，在空间上，集聚提升类村庄、城郊融合类村庄、特色保护类村庄、搬迁撤并类村庄可作为近期乡村振兴重点发展的区域单元，但要想真正实现中国乡村振兴，还必须以落后乡村为本位，为绝大多数中西部一般农业型农村提供生产生活保障，并逐步形成多个乡村"中心极"单元的共同发展。

二是，规范乡村振兴的建设标准，可考虑继续出台《乡村振兴法》和中长期的发展规划，形成近期（2018—2022年）、中期（2022—2035年）、长期（2035—2050年）阶段化的乡村振兴推进方案。三是，推行差异化的振兴农村策略，陆续建立"一村一品"与"一镇一业"，打造地区特色品牌、龙头企业与现代化农业，形成特色乡村、发达乡镇的综合性发展。

2. 振兴环境：摒弃城市偏向的消极因素

英国乡村振兴实践的成功，关键之一是出台了完善的以"乡村为本"的发展规划、政策与细则。因此，摒弃消极因素、构建乡村振兴的积极环境因素尤为重要。

一方面，逐步摒弃城市偏向的消极共生环境，建立城乡共生性、包容性与整体性治理的政策体系，比如，要通过对户籍制度、金融制度、土地制度的综合性改革，清除城乡要素自由流通的壁垒，建立统一化的城乡要素市场。

另一方面，营造乡村振兴的积极共生环境，这重点是要加强城乡平衡发展的政策供给，促进资源的优化配置，比如，建立城乡产业之间的联动与协作，通过城镇产业的转型升级，为乡村产业结构、产品体系的调整提供更优质和更精准的生产服务；推动乡村振兴与城镇化发展双向改革，继续强化财政支农力度，扩大城镇公共服务体系对农民工的全覆盖，实现城乡功能互补与平等发展。

3. 振兴界面：发展多元化的乡村治理主体

英国乡村振兴界面是一个多层级的组织体系，在政府、地方机关、社区组织的协同参与下，形成了乡村社区的有效治理。因此，首先要明确政府"引导、服务、规范与统筹"的乡村振兴角色，通过乡村生态保护理念的确立、乡村振兴战略基金的设立、监督管理机制的完善，重塑乡村的可持续发展能力，并推进乡村建设有序开展。其次，赋权基层社会组织，政府应减少对乡村振兴事务的行政干预，积极放权于服务农民、农村、农业的基层社会组织，激发乡村振兴的协同活力。再次，吸纳有创造力的贤能参与乡村振兴，这主要包括乡村富人、知识分子、技术专家、企业家等，熟人社会中乡贤人士的参与能较好优化乡村治理结构，提高乡村治理效率。最后，还需建立以法治为核心的"三治一体"乡村振兴体系，自治、德治（非正式制度）与法治（正式制度）的有效结合是乡村振兴的根本保障。

4. 振兴模式：从"偏利共生"向"一体化共生"过渡

英国乡村振兴的实践表明，从"点共生、间歇共生、连续共生"转向"一体化共生"是一个漫长复杂的必经过程。中国的城镇化发展与乡村建设虽然在新世纪取得了惊人的成绩，但由于种种制度壁垒，城市与乡村依然是一种"偏利共生"或"连续共生"的发展状态，乡村内部依旧存在诸多发展不充分的现实问题，比如，在脱贫攻坚问题上，存在贫困建档制卡混乱的现象；在乡村振兴与城乡融合上，存在社会力量协同不足、参与度低的问题；在城镇化发展问题上，人口城镇化步伐依然滞后。

因此，中国需要进一步确认城乡统筹规划向深度发展，建立长效化的农村生态服务系统与一体化农村综合发展政策，通过社会组织的不断发育，推动"大城市—中小城市—小城镇—乡村社区"多个中心单元的网络化融合发展，创造一个高质量、有活力、可持续又宜居的乡村社会系统，真正缩小城乡经济社会差异，实现城乡平衡。

第四章 乡村旅游产品文化内涵与营销策略

现阶段，随着城市人群对于乡村原生态自然环境的追求和向往，乡村地区在旅游资源上具有一定的优势，乡村旅游产业有望成为旅游经济的新增长点。随着各地对于乡村旅游经济的大力开发，乡村旅游成为热点，也成为比较普遍的经济发展模式，这种情况下，竞争加剧，只有开发特色的乡村旅游产品，才更有可能在众多的乡村旅游地区中脱颖而出。本章主要分为乡村旅游产品的文化内涵与开发、乡村旅游产品营销创新策略两部分。主要内容包括：乡村旅游文化中民俗文化内涵、乡村旅游产品的开发、乡村旅游产品营销策略等方面。

第一节 乡村旅游产品的文化内涵与开发

乡村旅游的发展的核心内涵是文化，这就要求乡村旅游产品开发应发掘和丰富旅游地的文化内涵，提高其文化附加值，营造独特的消费气氛，丰富乡村旅游的文化内涵，提高其文化品位。乡村旅游的本质属性就是具有民族性、历史性和地域性的乡村文化。乡村旅游开发必须认真分析旅游地乡村发展的脉络、人们生活习惯的演变、民俗风情的沿革，发掘其独特的魅力及表现形式，为游客提供展示、认知和体验乡村传统文化的平台。

一、乡村旅游文化中文化内涵

20 世纪末，国家为了推动经济发展实行了调整产业结构的措施，我国的乡村旅游文化发展刚刚起步。乡村的旅游文化可以刺激消费，为乡村的 GDP 提供可观的贡献。但是在目前乡村旅游文化中，由于起步时间过晚，相对于其他国家来说，乡村文化只有表象，没有深层次的文化。所以，在乡村的旅游文化中深挖民俗文化内涵急待实现。我国的乡村旅游文化由于起步较晚，现在仍拘泥于形式。为了将乡村旅游文化继续发展，我们就要立足于乡村自身特色，以"地利""人和"的优势为乡村旅游文化补充内涵。

（一）以地利挖掘文化内涵

在乡村的旅游文化中，乡村占据了地利条件。与大城市相比，没有大城市的喧嚣和车水马龙。乡村旅游带给人们的感觉是在尘世中找到了一片世外桃源。不同于在城市旅游，在乡村的旅游中可以感受到前所未有的放松和身心愉悦。那么，我们要将民俗文化内涵融入乡村旅游文化特性中，第一点就是从乡村的地利条件上进行。在乡村中，有着许多城市中没有的物质文化。

1. 以农耕及景色创造内涵

在乡村旅游文化特色中，乡村的景色与乡村自给自足的生活方式是一大特点。在发展乡村旅游内涵中，我们要以这一独特的条件为发展基础。我国地理环境优越，维度跨越大，气候条件多变。在沿海的乡村、中原的乡村、大山的乡村中分别有渔业、农业、畜牧业的发展景象。而且在南方乡村中，乡村自身有大山、河流，茶山、花山，水果园、植物园等。在这些不同于城市喧嚣的景色中，展示出了乡村独特的民俗文化气息。

在我国几千年的历史长河中，农村一直都在以自给自足的方式满足日常生活的需要。从儒家角度的"重农抑商"到现在农村产业结构调整，国家一直都在鼓励农村进行耕种。在农村中，农耕文化一直作为民俗文化延伸到现在。所以在乡村旅游文化中，我们要把农耕文化作为民俗文化的内涵继续发扬，创造出一幅"采菊东篱下，悠然见南山"的美丽景色。

2. 以生活创造内涵

乡村生活不同于城市生活，在乡村中没有高楼大厦、山珍海味、精工细作，有的只是乡村特有的建筑、粗茶淡饭、手工艺文化。在这些民俗文化中，我们应该从以下几点融入乡村旅游文化中。

①乡村中的建筑不同于城市的高楼大厦。在乡村中都是按照当地的地理环境以及气候条件建造房屋。例如，在东北的火炕、客家土楼、黄土高原窑洞。在南方一些乡村中，受宗教信仰文化的影响，在村落中还有祠堂。也有散落在乡村中的古代建筑，它们属于不同历史时期。在这些美丽的建筑物中，人们可以体会到乡村民俗文化的内涵所在。

②乡村中的饮食不同于城市的山珍海味。在乡村旅游时，人们无法吃到精工细作的食物。乡村中的食物大多就地取材，让食物本身的味道流露出来，没有任何添加剂，让人们在乡村旅游时能品尝到原汁原味的食物。

③乡村民俗文化中，没有第二产业的发展，有的只是第一产业。那么在乡村中，村民都通过自身的手工艺制造一些生活用品，用以补贴家用。我国的乡村手工艺文化有着许多特点，其中还有许多手工艺文化被列为非物质文化遗产。这其中有皮影、风筝、剪纸、竹编、民族服饰等。

（二）以人和挖掘文化内涵

乡村文化内涵中，乡村的精神内涵占据了重要的位置。乡村的精神文化代表了整个乡村中人们的价值导向以及心理状态。通过一些特定的节日以及活动表现出来，吸引游客的眼光。

1．乡村节日

乡村中到了一些特定的节日时，与城市相比有着独特的庆祝方式。与城市相比不同的是，乡村在经历节日时有着较为欢快的庆祝方式。例如，在春节期间，乡村的庆祝方式不同于城市。在乡村中，人们会全家聚在一起，共同包饺子，熬夜，为庆祝新年的到来而点燃鞭炮。又如一些少数民族，例如傣族在泼水节时，无论在泼水节那天有什么重要的事，大家都会推到一旁而共同庆祝泼水节。

2．日常生活

在乡村的人群分布上，还在延续着"大杂居，小聚居"的生活方式。在这种生活方式中，家庭是最小单位。所以在家庭日常生活中，也形成了独特的乡村家庭生活文化。乡村与城市的生活文化最大的区别就是节奏，在乡村中的生活节奏是很慢的，人们可以根据日常生活制定自己的生活计划，可以在毫无顾虑的环境中生存。

3．乡村艺术

在乡村中，没有城市多样化的娱乐方式。但是人们在乡村中的生活也需要娱乐，这就推动了乡村艺术的发展。在乡村中，人们自我创造了一些艺术方式。例如，二人转、皮影戏、竹竿舞等。而且在乡村中，艺术家们可以尽情取景，达到"山重水复疑无路，柳暗花明又一村"的艺术境界。

（三）深挖乡村文化内涵的途径

1．以自身独特条件为特色

在深挖民俗内涵中，我们要以乡村文化独特条件为特色，并继续发扬。作为乡村，与城市最大的区别就是生活方式。那么在乡村中，我们要以乡村中美丽的景色，乡村独特的生活方式为起点。让游客在乡村中不再以观看景色为旅游目标，而是真正能在乡村旅游中了解到乡村文化。在民俗中，非物质文化以及饮食方面都要发扬乡村自身的特色。

2. 完善乡村文化品牌体系

在目前信息化社会中，对于乡村文化我们不能故步自封，而是要在保持乡村文化的基础上将乡村文化通过互联网宣传出去。所以在进行深挖农民文化内涵时，要借助互联网这一强大的技术力量。打造乡村当地的独特品牌，以原生态的农产品、手工艺品等作为旅游纪念品，开设专门的店铺进行售卖。在信息化的社会，要充分利用互联网的优势，在网络中宣传乡村当地的风土人情、民俗文化，吸引更多的游客旅游。

在目前乡村文化中，我们要促进文化之间的沟通交流。在文化之间的沟通交流是指具有不同生活文化、宗教信仰的人来到同一个乡村中，能够对乡村的民俗文化进行认可。并且，在不同文化背景下进行碰撞，擦出新的文化火花。在目前的快节奏社会中，难免会造成文化的碰撞与摩擦。但是在发展乡村旅游文化中，我们要积极地吸取具有正确价值导向的文化因素，同时对一些落后以及迂腐的乡村文化及时进行摒弃。

二、乡村旅游产品的开发

（一）乡村旅游产品开发思路

乡村旅游产品是乡村旅游的核心资源，乡村旅游产品开发的思路，经过学者们研究，以华西村为例，对江阴市乡村旅游产品开发进行了 SWOT 分析，剖析了华西村所在的华士镇发展乡村旅游的优势和劣势、机会与挑战。开发市场认可的乡村旅游产品，需要从发展规划、创新、明确定位、科学管理四个方面着手。要本着实事求是的精神，开发乡村旅游产品一定要结合当地实际，既要结合所在乡村特有的旅游资源，也要结合周边潜在旅游者的旅游需求，在此基础上强化服务，实行规范化的管理模式，才能取得成功。

（二）乡村旅游产品开发模式

在乡村旅游产品开发模式上，国内很多专家学者都进行了全面的研究。乡村旅游产品开发在大方向上主要分为两点。第一个是依托乡村周边旅游风景区，以住宿为主要服务手段的乡村旅游开发模式。第二个是依托大型城市，以提供独特的农村生活体验为主要手段的开发模式。我国乡村旅游应按照各地区的发展水平，依据各地区的特色围绕乡村田园风光模式、旅游农业开发模式、地域风情文化模式和居民住宿旅游型这些主要模式开展。

1. 乡村旅游产品

乡村旅游产品不同于风景名胜区等传统旅游产品，依托于乡村资源的特殊环境是乡村旅游产品的最大特点，具有自己独有的文化内涵，乡村普遍具备的自然要素是必不可少的，同时也要包括乡村的特色建筑、特色乡村民俗、虽然不精致但却营养健康的乡村饮食、具有极强传播效应的乡村服饰、唤起人们旧时回忆的农业景观和农事活动等各色社会文化要素，包括乡村所独有的自然景观和文化环境。

因此，我们需要认识到乡村旅游产品开发，应该更多的是对游客体验的关注，也就是以农事劳作和风俗文化为代表的亲身体验中，而不是以观赏为主的景观资源，因为游客对在城市中体验不到的经历有更多的期望。与其他方式的休闲旅游产品相比，旅游者参与乡村旅游，能够通过身处户外，感受乡村的自然风情，获得亲切友好、放松自如的生活体验。因此，根据旅游者对乡村旅游的需求，我们可以将乡村旅游产品定义为：发生在乡村社区，以乡村景观、建筑、文化以及设施、设备等生产和服务要素所投入开发而成，为满足旅游者游览、参与、体验需求的一种复合型旅游产品。

①具有"乡村性"是乡村旅游产品最核心的本质。只有具备了"乡村性"才能吸引城市游客参与到乡村旅游中。这种"乡村性"不但体现在旅游产品的客观上要在乡村，更要有乡村的特性。

②乡村旅游产品要以乡村旅游资源为基础。

③从满足游客的需求角度，即旅游的游、购、食、住、行、娱"六要素"，能够满足游客总的旅游需求。

④从需求的角度出发，开发的旅游产品，首要功能是要能满足旅游者的需求，激发旅游者的体验热情。

⑤乡村旅游产品经过可行性研究、开发等一系列环节，最终能够被旅游者消费，是因为乡村旅游产品是依托乡村周边优美的田园风光、原生的乡土建筑、淳朴的乡土文化等开发出来的。

2. 乡村旅游产品的特征

旅游吸引物（即旅游资源）及载体的乡村性。旅游产品的乡村性主要是指转化为产品之前的旅游资源，是否具有明显的乡村性特征。从旅游市场营销学的角度分析，乡村旅游资源的首要特点，就是要充分展现乡村区域独有的自然风光和人文特色。同时，在充分考虑与旅游者互动的基础上，提高旅游者的参与感，就要设计各种能让旅游者参与其中的农事活动和具有地域性文化特征与乡村特征的产品。空间及位置的便利性。乡村旅游产品适合城市旅游者利用零散的闲暇时间进行休闲式的旅游活动。

因此，乡村旅游产品必须在城市的城乡接合部或距离城市比较近的村镇，且具备良好的交通道路，以便自驾前往。相关的基础设施建设，例如沿途指示牌、水电网络线路、供暖设施等的建设，如果距离人口聚集区太远，投资成本将会大大增加，不利于收回投资。相对较低的消费水平，西方发达国家旅游活动特别是乡村旅游活动开展较早，且人力资源紧张，服务性劳动消费价格较高，因此乡村旅游活动已经逐渐发展成为消费层次较高的旅游活动。

但是，受我国当前农村经济发展和农民收入水平影响，和乡村旅游资源开发与产品设计所局限，我国的乡村旅游目前还处于"农家乐"式的低参与度、低附加值、低娱乐体验的阶段，消费层次较低，旅游者受消费水平影响较大，对价格敏感，开发的乡村旅游景区需要找准定位，以吸引更多旅游者。

（三）乡村旅游产品开发存在的问题

1. 乡村旅游产品同质化严重

乡村旅游项目在地方政策的扶持和市场的推动下，取得了良好的经济效益，为了进一步提高收入，乡村旅游产品间激烈的市场竞争导致了产品不敢创新、不能创新，同质化现象严重，影响产业向前发展的同时，也阻碍了当地乡村旅游产品形成功能、类型互补的旅游聚集地的进程。大大降低了县域内乡村旅游的档次和集群效应。同质化竞争的另一个后果是价格战的发生，相同类型、服务的乡村旅游项目为了吸引更多的旅游者，便会降低服务价格，而不是采取创新手段，提供更高附加值的服务。不断降低的服务价格，将会直接影响服务质量，乡村旅游恰恰是以游客参与性为主要卖点的旅游类型，服务质量的下降将对乡村旅游的游客体验造成不良影响，因此，当地旅游行政主管部门要及时调整和协调当地乡村旅游项目的经营理念和规划，避免造成这种同质化现象的进一步蔓延。

2. 游客需求多样化导致品牌开发创新难度大

改革开放以来，我国旅游产业发展迅速，旅游者的素质也随之提高，具有相当程度旅游经验的游客数量越来越多。乡村旅游方面，参加过国内甚至国外乡村旅游的游客已经不再仅满足于已经体验过的乡村旅游模式，这在客观上对乡村旅游的创新提出了新的挑战。不断推陈出新，了解国内外先进的乡村旅游理念，结合当地的自然资源和文化特点，开发全新的旅游体验模式，才能吸引更多的游客，提高整体乡村旅游的档次。

目前，乡村旅游资源众多，游客需求结构十分复杂，除了传统的农业休闲观光线路，还需要开发更多的体验式的乡村旅游产品。与此同时，需要打破经营者心中"酒香不怕巷子深"的旧有观念，积极开展多种形式的宣传、推广活动。建立具有特色的乡村旅游形象，针对特定客户进行精准宣传，为当地乡村旅游良好口碑地树立打下良好基础。

3. 乡村旅游产品的游客体验度缺乏

目前，乡村旅游产品的基础设施建设与现代旅游服务的标准还存在着一定的差距，原有的一些道路、电力、饮水、厕所、停车场、垃圾污水处理设施是为当地居民的生产生活服务的，现在作为旅游景区，承担着巨大的旅客流量负担，基础设施简陋、卫生条件差等问题就集中暴露出来。一些受访游客表示自己来参加乡村旅游，与游览过程中享受到的愉悦心情所不匹配的，是卫生条件较差的洗手间和不达标的饮用水。这些问题得不到良好的保障，旅游者的人身、财产和饮食安全无法保障，将直接影响旅游体验，进一步限制当地乡村旅游发展。另一方面，作为乡村旅游体验的重要组成部分，农户的房屋风格缺乏统一规划，仿古风格、欧式风格的房屋混杂排列，与周围景观极不协调。在缺乏规划性、标准型的管理下，乡村旅游项目的形象难以树立，也影响了当地深层次挖掘的当地乡村的文化内涵，阻碍乡村旅游的可持续发展。

4. 旅游文化特色不够鲜明

目前绝大多数乡村旅游项目中，缺乏对特色文化的深度挖掘。比如辉南县旅游产品中对长白山旅游文化的展示较少，而近年来辉南县重点打造的"辉发古城文化"，本应该是全县旅游产品中重点推广的文化概念，在乡村旅游景区中也缺乏介绍和形象展现。不少项目经营者认为，乡村旅游文化指的就是农耕文化，在房间内摆放锄头等农耕用具，供游客拍照留念即可。

农耕文化仅仅是乡村旅游文化的一部分，我国是农业人口占绝大多数的农业大国，目前城镇居民中，近20年由农村人口转变为城市人口的占45%，这些居民所转化成的旅游者，对农耕文化或者对农耕文化所包装和填充起来的乡村旅游缺乏旅游热情。普通的乡村旅游文化在我国各省市随处可见，而真正取得成功的，具有知名度的乡村旅游项目，需要与民俗文化、当地特色物产文化、养生文化、中医中药文化等多种文化相结合。因此，乡村旅游还需要继续深度挖掘当地特色文化，与农业文化高度结合，开发新的旅游产品。

国内乡村旅游开发模式较为单一，以农业观光类观光型活动为主。欣赏田园风光、民俗风情文化、购买传统手工艺品等活动是目前乡村旅游中最常见的项目。从总体来看，国内乡村旅游中经营项目较多。但从个体来看，大多数乡村旅游点的旅游项目单一，只提供简单的观光、吃、住和棋牌，乡村旅游中的其他要素未得到充分发挥。模仿、照搬他人发展模式的现象普遍存在，乡村旅游中提供的餐饮、住宿、垂钓等乡村旅游产品高度相似。以乡村生活、传统文化、生态科考、探险等体验性的乡村旅游尚处于发展初期。

5. 旅游者精神文化享受缺乏重视

旅游者参与乡村旅游，本质目的是回归自然，寻求区别于城市生活的自然景观和生活方式，往往追求的是"古朴""真实"甚至是"土"，享受乡村醇厚的乡土文化。然而由于缺乏旅游产品文化内涵的开发，导致旅游者在没有被旅游产品完全吸引的情况下，就要面对集中推销，使原本淳朴的乡村旅游享受打上了金钱的印记，反而遭到的旅游者的反感。这样的一种重经济效益、轻旅游者精神文化享受的情况，也侧面反映了当前辉南县乡村旅游产品经营者对乡村旅游理解的片面性，也成为当地乡村旅游市场难以走向高端的重要原因之一。

6. 旅游产业化程度低

在旅游产品的开发中，缺乏品牌意识，没有形成专业的、特色的、符合当地民风民情特点的品牌产品，在员工培训、人力资源供给方面，与目前发达地区的旅游行业服务和培训标准存在着相当程度的差距。加之当地旅游行政主管部门对乡村旅游缺乏品牌形象规划，地方政府和经营者没有加大对旅游产品的开发投入力度，导致目前旅游产品在形象塑造和游客体验上存在欠缺，没有形成具有区域影响力的品牌，面对其他地区乡村旅游产品，缺乏竞争力。

（1）旅游产品缺少特色

乡村旅游的发展通常是以点带面的顺序，首先，少数具有先进和开放思想及敏锐的市场洞察力的村民开始这样做，然后周围的村民跟随着一起做。跟着做的村民往往不加思考地照着已有的模式，简单移植项目和产品。以至于乡村旅游开发千篇一律的同质化现象，失去了乡村本来的特色和差异性。另一方面，国内的乡村旅游发展刚刚起步，大多数属于浅度开发状态，即以开发自然资源为基础的观光旅游为主，对除了自然田园景观以外的乡村元素不加重视、缺乏挖掘和打造。

（2）旅游产品缺乏创意

乡村旅游的发展多以开发自然资源为依托，以自然景观和农业观光类项目为中心。这也就造成了乡村旅游开发中对自然资源和农业资源的过度依赖，旅游产品层次较低、文化创意空间较小。由于对乡村历史文化、风土人情等文化资源的开发的重视程度不够，导致现有乡村旅游产品较为单一。文化元素和创意的缺乏，乡村旅游产品不能够凸显乡村地域特色和文化特色。由于乡村旅游产品非常相似，所以不能刺激和满足游客的新需求，无法形成核心竞争力。文化创意需要专业的创意人才，但是当前国内的乡村人才非常短缺，严重地影响了乡村旅游产品开发、乡村旅游与文化创意的融合发展。

7. 整体性与区域性规划缺乏

现阶段，许多地区的乡村旅游仍主要由个体农民开发，而在少数地区，统一的发展规划主要由村集体进行。这种开发方式通常是出于家庭或乡村的利益，更多地注重个性和自身利益，并且在开发理念、资金、竞争等因素有其局限性和影响力，经常出现难以确定和把控旅游发展的目标和定位，缺乏整体性和统一性布局，主题不突出，低水平重复建设更加严重。

8. 乡村旅游产品开发总体水平不高

目前，多数地区的乡村旅游发展还处在中低层次，通常为垂钓、观赏、采摘等活动，很单一，吃农家饭、尝民族菜较为普遍，相关乡村文化、乡村特色、民俗文化等较少。对于旅游商品的开发，基本停留在初级水平，大部分以自产自销的原生态农产品原料为主，无专营的乡村旅游产品。

9. 盲目过度开发

国内乡村旅游的发展多属于自我开发式，尚未形成标准模式。由于乡村地区经济落后、知识水平有限，导致在开发的过程中不科学的盲目开发和过度开发问题突出。有的地方在不具备开发乡村旅游的基础条件的情况下，进行强硬开发、盲目开发。有的地方虽然具备开发乡村旅游的基础条件，但在不了解城市消费者需求的情况下，修建豪华洋气的城市建筑。有的地方在乡村旅游产品开发中，大量修建房屋建筑、旅游设施，甚至以牺牲乡村自然环境为代价，对乡村旅游产生了负面的影响，严重破坏了乡村地区。

（四）乡村旅游产品深度开发的对策

1. 提升文化品位

乡村旅游作为我国新时期乡村及旅游业发展的重要主题，对整个乡村的发展将在很大程度上起促进作用，在未来，乡村旅游将会发展为又一大旅游项目，在风景名胜区与都市旅游之外，这必将是乡村极为难得的发展机遇。在乡村旅游的发展中，应着重文化资源的开发，寻求创意旅游文化的挖掘与发展。根据自身优势，制定符合实际发展需要的文化创意规划，挖掘多种文化素材，以此实现提高古村落的旅游文化品位，树立文化名片和品牌。

2. 加大政策扶持力度

根据乡村旅游快速发展的需要，建议省委、省政府联合旅游、农业等部门成立联合工作小组，对有关问题进行全面深入的调查，加快出台乡村旅游业管理标准、协调机制、政策和措施。建议省级相关项目资金偏向乡村旅游项目，鼓励条件成熟的地方采用民营企业、社会团体和个人方式融资方式，参与乡村旅游发展地方政府应当对乡村旅游项目审批、土地流转、税费减免、财政补贴等方面给予优惠待遇。

3. 树立品牌意识

为了增强乡村旅游的吸引力，我们不仅要充分发掘文化资源，而且要尽力打造文化品牌，增强文化影响力。同时，要完善风景名胜区的交通、餐饮、住宿以及供水等配套设施，从整体上提高综合服务能力。

4. 提高产品服务附加值

品牌的定位，是产品开发中首先要解决的问题，在现代营销理念中，消费者需求，才是真正决定产品形态的关键所在。这一理念应用到乡村旅游方面，则集中在旅游产品的市场定位。塑造品牌形象的基础是要有科学合理的品牌市场定位，合理利用乡村旅游品牌形象，推动乡村旅游区域整体品牌的提升。乡村旅游最初诞生的阶段，因为其消费水平低、时间短的特点，确实是面向低端旅游者的一种旅游形式。

但是，随着社会经济的进一步发展，高端旅游者的旅游时间从 5～7 天的长假旅游，逐渐走向了碎片化、休闲化的旅游形式，这就给了乡村旅游一个很好的发展空间。在当前品牌营销引领消费行为的市场中，打造高端乡村旅游产品，推出附加值的产品服务，无疑会进一步提升乡村旅游项目的档次，提高项目开发的经济效益。这一方面，需要当地政府部门，特别是旅游行政主管部门、文化部门通力合作，统一规划辉南县的乡村旅游产品，对项目经营者进行针对性的培训和引导，还要给予相当程度的政策支持，协调贷款和补贴，扩大投入规模，提供更好的旅游发展平台，实现当地旅游产品迈向高端化、立体化。

5.保护县域生态环境，多层次开发旅游产品

良好的生态环境是乡村区别于城市的主要特点，也是乡村旅游的特色之一。近年来，各地乡村旅游产品开发中，均不再只是开发初级阶段的乡村旅游产品，而是在生态资源上做文章，将生态概念融入产品开发之中，谨记习近平总书记的生态文明发展理念"绿水青山就是金山银山"，大力开发以生态环境为基础的高端乡村旅游休闲模式。辉南县内自然资源丰富，经过近年来不断实施生态环境改造工程，已经形成了集平原、丘陵、山地等多种地形地貌的森林资源景观，为当地乡村旅游产品的多层次开发提供了良好的基础。

旅游行政主管部门在引导当地乡村旅游开发过程中，应根据当地良好的生态环境资源，丰富以垂钓、采摘、民俗、古村落、田园生活、观光为代表的多种类型的乡村旅游产品，使旅游者有更多的选择，增大当地乡村旅游产品吸引力，提高旅游者参与乡村旅游的频率，进而提高旅游产品服务体验。

6.深挖旅游产品文化内涵，树立独特产品形象

（1）开发乡村旅游文化特色产品

随着乡村旅游的发展成熟，乡村旅游产品的开发模式进入全新阶段，传统的、仅仅依靠自然风光来吸引游客的模式已经进入衰退期。更多的旅游者希望在乡村旅游活动中，了解和掌握当地农耕文明的特色、历史发展脉络和民俗风土习惯等等。城镇化所带来的经济社会快速发展，使得乡村文化与城市文化渐行渐远，乡村旅游就是要发挥两种文化的"融合剂"作用，使乡村旅游产品具备当地特色，旅游产品也就拥有了核心竞争力。辉南县依托现有生态旅游资源，在省内打造了富有特色的"辉南旅游"品牌。只有形成独一无二的乡村旅游产品，才能增强乡村旅游产品的吸引力，提高乡村旅游产品的经济效益。

（2）重视旅游者精神文化享受

旅游者的精神文化特质决定了其参与旅游活动的类型和行为特点，想要旅游者全情地投入到乡村旅游活动中，达到"食、住、行、游、购、娱"等消费行为的实现，就要彻底从精神上对旅游者形成足够的吸引力，增加旅游产品的文化附加值。

在开发过程中，要注意在细节上将旅游产品与文化内涵深入融合，结合辉南县的历史、人文特色，打造有"故事"、有"传说"的旅游产品。对乡村旅游项目工作人员进行专项培训，以导游员、讲解员、服务员为主体，以多景区媒体技术为辅助，在潜移默化中对旅游者形成文化影响，增强旅游者的精神文化享受。使旅游者带着特色旅游产品离开的同时，也带着"故事"返回城市，带动更多的旅游者前来探寻乡村旅游文化的痕迹，游览观光，对辉南县旅游整体形象的建设形成有效的补充。

（五）文化创意融入乡村旅游开发的重要意义

乡村旅游为广大乡村与城市建立沟通的桥梁，是促进城乡经济社会互动的纽带。随着乡村旅游同质化现象的加重，游客对乡村旅游目的地的新鲜感逐渐降低。更加放松、休闲的方式取代了走马观花的观光旅游。将文化创意融入乡村旅游发展中，对保护和继承传统乡村文化，促进乡村旅游的转型升级，实现乡村旅游健康持续发展具有重大的现实意义。

1. 乡村传统文化的保护和传承

国内广大的乡村地区拥有丰富的历史文化资源、传统的农耕文化、乡村习俗和民族风情。乡村旅游的土壤是根植于乡村的传统文化，乡村旅游开发应以自然景观为基础、文化为核心。文化创意融入乡村旅游开发，有利于保护和传承乡村的传统文化。

发展乡村旅游和文化创意产业的基础是优秀的传统文化。同时，文化创意产业的发展也是保护和开发古村落文化的有效途径。具有独特的乡村地域文化且新颖、美观的文化创意乡村旅游产品更具有吸引力。文化创意基于乡村资源和传统文化，但又脱离资源和文化。这与传统的乡村旅游开发相比，极大地保护了资源和文化，同时又可以进行有效的开发。

传承和传播乡村传统文化创意产业通过挖掘乡村元素，开发以大众消费市场为基础的乡村旅游产品，利用新的方式和多种渠道弘扬中华文化、输出中国的价值观。让更多的人接触、消费并喜爱具有乡村特色的文化产品，就会有更多的人愿意学习乡村文化和传统技艺。最后保存和创新发展优秀的乡村传统文化。当更多受市场欢迎喜爱的乡村文化创意旅游产品出现之后，又进一步加强传播乡村传统文化。文化创意融入乡村旅游产品开发中，深入挖掘当地传统文化内涵、进行创新创意，以提高乡村地区人们的欣赏水平和文化消费水平，是文化创意产业持续健康发展的内生动力，也是传承和传播国内优秀传统文化的有效方法和途径。

2. 实现乡村旅游健康、可持续发展

随着政府对三农问题的关注和对乡村旅游的大力支持，国内乡村旅游进入了高速发展阶段，这对国内乡村地区的经济发展有充分带动作用。文化创意的融入为实现乡村旅游健康、可持续发展提供了条件。

（1）实现乡村旅游健康发展

文化创意的核心是人的智慧和创造力。深入挖掘乡村地区旅游资源，并对已开发的旅游资源进行再整合、再利用，运用创意对各种要素进行分解、重构，开发出具有乡村文化特色、价值和内涵的文化创意乡村旅游产品。一方面，文化创意对现有的物质资源和非物质资源充分利用，实现高附加值；另一方面，解决目前乡村旅游产品单一、粗糙、层次低、价位低等问题。这进一步拓宽了乡村旅游的资源开发空间和市场空间，帮助乡村旅游突破束缚，乡村旅游得以健康发展。

（2）实现乡村旅游可持续发展

乡村旅游的可持续发展是乡村地区可持续发展的基础。乡村旅游开发的可持续发展，前提是保护和合理利用乡村旅游资源，在满足当前人们需求的同时也为后代人做考虑，不损害未来乡村旅游发展的资源。在乡村旅游产品的开发中吸收当地文化，通过文化创意作为媒介与现代时尚元素结合，既凸显特色文化又易于被市场接受。

文化创意融入乡村旅游，通过创新的渠道和方式利用乡村传统历史文化资源，在乡村旅游产品的开发、设计、生产、销售等环节进行创新创意。这样克服了乡村旅游资源的脆弱性和不可再生性，为乡村旅游的可持续发展提供必要条件。同时，解决乡村旅游发展中资源有限、环境压力大、旅游产品无特色、附加值低等一系列问题。乡村旅游和文化创意产业的融合发展是确保乡村旅游实现可持续开发和可持续发展的重要途径。

（六）文化创意视角下乡村旅游品开发工作的要点

1. 注重对于地区特色优质文化进行汇总

针对乡村旅游品开发实施文化创意推动，首先要有相应的文化基础。对此，需要对于地区的优质特色文化进行归纳汇总，把握文化创意的基本内涵，汇集地区的优质特色文化内容和形式等，要深入挖掘地区传统文化中的优秀成分，进一步完善传统文化中缺失的部分，构建比较完善系统的地区文化内容和体系，为乡村旅游品的开发提供充足的文化支持。

2. 注重文化创意的价值发挥

在乡村旅游品的开发中，进行文化创意就是要将地区的乡村旅游业发展和地区的特色文化内容相结，以促进旅游业发展为目标，结合旅游消费者心态和喜好，实现文化创意，体现乡村旅游品的价值和特色，这对于促进地区的乡村旅游品开发，推动区域旅游经济发展都具有重要意义。

3. 文化创意视角下乡村旅游品开发工作的有效途径

乡村地区要开发乡村旅游品，必须要重视自身文化创意的基础打造，注重文化资源整合，用自己的聪明才智、丰富的想象力，不断挖掘非遗创意素材，设计创作更多更好具有吸引力和影响力文创产品，将地区范围内的历史文化遗存与当代人的生活、审美、需求进行连接，用各种现代艺术手段方式去解读地区丰厚的历史文化。要注重文创产品的设计总体理念和对接情况。通过创新驱动、文旅融合、资源整合，高标准规划、高水平设计、高质量建设，推动文化资源、文化要素转化为旅游产品，促进文化和旅游公共服务共建共享，打造地区文旅融合发展的示范。

同时，全面提升文化旅游产业发展大会水平，鼓励各县（市、区）根据实际情况，在主题特色、产品业态和办会模式上积极创新，成体系推进区域公共服务体系规划建设，打造良好环境，提升形象和群众满意度，促进乡村旅游品品牌开发和建立。通过有效的资源整合，奠定良好的文化创意基础，为促进区域的乡村旅游业发展提供有效参考。

文化创意视角下，要开发乡村旅游品，必须要做到科学规划，提升布局品位。要对地区历史风情、文化遗产、镇村布局等进行科学规划，借鉴其他地区先进做法，科学做好地区旅游总规划，制订详细严实的旅游景点提升计划，不断引领强化地区工业农业旅游发展格局。要注重投入，加强设施建设。按照乡村旅游景点建设标准，逐步查找漏洞和不足，不断推进景区建设。通过深入挖掘，强化氛围营造，积极开展文明户评选活动，组织各村居挖掘"助人为乐、见义勇为、诚实守信、孝老爱亲、敬业奉献"等类型身边好人，通过报纸杂志、微信公众号等渠道进行社会宣传，推动正能量传播，不断扩大社会影响力，形成积极向上的活动氛围，作为对于地区创意旅游品文化的宣传资料，促进地区乡村旅游品牌建设。

此外，为切实提升乡村旅游品开发的竞争力，推动地区旅游经济的快速发展，相关乡村地区还需要进一步强化乡村旅游品资源的创新设计，体现旅游品特色建设。要结合目前旅游消费者的真实需要和愿望，积极构建符合市场发展需要的乡村旅游品，在不失文化创意特色的基础上，实现乡村旅游品价值的不断提升。

除此之外，还可以通过将乡村旅游与农业产业结合，积极引入新业态，与康养、体育、教育产业等融合发展，打造宜居、宜游、宜业、宜养的乡村田园综合体。不断提升农村地区森林、植被覆盖率，建设"天然氧吧"，打造适合发展养老、保健、康养产业，让退休的中老年人喜欢来到康养中心长期居住，推出系列养生产品、新鲜采摘服务业态等，真正促进整体乡村旅游品开发价值。

4. 文化创意融入乡村旅游开发模式

国内乡村旅游的开发多以自然资源为依托，当地居民自行投资或引进企业合作开发。单一的开发力量往往形成雷同的发展模式，很难形成区域性的竞争力，导致乡村旅游效益较低。如何把乡村地区的资源优势转化为可经营的、具有特色和差异的乡村旅游形态，是当前值得研究的问题。特色乡镇建设、美丽乡村建设、乡村社区营造等融合文化创意，为乡村旅游开发创建了新的路径和模式。

（1）特色乡镇建设模式

2016 年 8 月，中央认定第一批特色小镇共 127 个。接着各省制定并推出特色小镇建设的相关政策和规定。特色小镇典型代表是浙江和贵州两省，随后特色小镇在全国得到迅速推广和发展。特色小镇的建设中通过挖掘当地的特色元素，融入文化创意，建设具有鲜明特色、文化内涵和吸引力的乡村旅游目的地。特色小镇不是传统意义上的镇，在不同的地方有不同的内涵和特点，但都具有鲜明的特色和突出的产业，是一个集旅游、文创为一体的综合性平台。

浙江在建设特色小镇的过程中，进行了多种资源的整合和多个产业的融合，解决了资源有限的瓶颈问题，改善提升了当地的人居环境，促进了新型城镇化和产业的转型升级，总结了大量的经验，探索出了一条建设特色小镇的路子。浙江省第一批建设的特色小镇是"磐安江南药镇"，产业主要是中药材。江南药镇位于磐安县新渥镇，盛产白术、白芍、玄参等中药材，是浙江的药材之乡。中药材成为了江南药镇建设特色小镇和发展乡村旅游的核心要素，依托长三角地区的广大市场，打造集休闲、度假、旅游、养生为一体的特色小镇和乡村旅游目的地，积极发展中医药产业、康养产业和旅游产业。特色小镇的建设，打破了乡村旅游千篇一律的单一模式，为乡村旅游注入了活力，开辟了新的市场。

（2）美丽乡村建设模式

2013 年 2 月，"美丽乡村"创建工作在全国正式启动。美丽乡村的建设以农业生产为基础，多产业的融合发展为支撑，以实现乡村的繁荣、和谐为目的，是新农村建设的进一步提升。农业是国内的基础产业，农村是国内经济发展的大后方，农民是国内经济和社会发展的强大推手。

美丽乡村建设是"三农"发展的新平台，将建设一个环境优美、经济活跃、人民安居乐业的新农村，把乡村的传统文化融入现代文明，守护城市人的乡愁。国家各部门对美丽乡村建设十分重视并给予政策、资金和技术等方面的支持，促进农村地区的基础设施建设和人文生态建设。

浙江省安吉县是美丽乡村建设生态保护的典范。安吉县高家堂村率先创新，引进美国的先进技术，对生活污水进行处理，成为污水处理示范和环境教育的生态公园。对自然资源的再生产和再利用，极大地提高了资源利用率。对生态环境创造性的保护，为乡村旅游的发展提供了良好的基础和条件。高家堂村成立了保洁队伍，对垃圾进行分类回收和处理，减少了人类活动对环境的破坏。同时，发展"牲畜—沼—气""牲畜—沼—果"等循环生态，充分利用资源，减少污染和浪费。美丽乡村的建设使人与自然和谐共生，人与土地的关系回归到最简单原始的状态，解决了粮食的安全问题，是对农业资源和农耕文化的保护和传承。同时，在美丽乡村的建设过程中，农民成了乡村的主人翁，代表着乡村新的形象和面貌，是乡村文化的传承者。

（3）乡村社区营造模式

国内外乡村旅游发展历程表明，乡村社区营造在乡村旅游开发中具有显著的效果。乡村社区营造可以满足社区居民需求、延续共同历史文化、促进终身学习、集体参与经营、营造社区公共空间、永续经营生活环境、创造独特景观等，对乡村资源和乡村文化进行合理的开发利用。让当地居民积极参与乡村旅游的开发建设和经营发展当中，将极大地促进乡村地区的繁荣。

目前在乡村地区的居民在乡村旅游开发中往往缺乏声音和意见，这也说明他们对乡村旅游发展的贡献仅仅停留在基础条件的改善和接待服务。人力和人才是乡村旅游发展的关键，社区营造将为乡村旅游发展持续提供当地的人力资源。国内的乡村社区营造作为乡村旅游开发的一种模式，已经取得了初步的成果，幸福公社就是其中的典范。幸福公社位于成都市大邑县青霞镇，以乡村社区营造为核心，融合传统工艺、农耕生活、文化旅游等综合性的价值产业链，吸引了大量的新老居民。幸福公社注重邻里关系的重构，鼓励社区居民相互敬爱、相互帮助、相互分享，定期举办"坝坝宴"等社区活动，增进邻里之间的感情。传统艺术生活也是幸福公社的重点，从各地引进传统手工匠人，打造"成都匠人村"，让社区居民和游客都可以参与织布、陶艺、制茶等传统工艺的体验。社区还拥有自己的菜地、国学幼儿园、老年大学、健康管理中心，为社区居民的生活、生产、健康和学习提供了良好的条件。幸福公社在发展的过程中，重建了社区居民之间的关系，吸引了大量的游客，为乡村旅游的发展创造了新的模式。

（4）引进和培养创意型人才

从创意乡村旅游的策划、开发、管理、服务等各个环节，都需要大量的专业人才的支撑。创意乡村旅游的从业者除了要具备乡村旅游的专业知识，还要具有极强的新能力和创意能力。人才是乡村旅游和文化产业融合发展的活力源泉，是文化创意乡村旅游继续发展的重要保障。人才在一定程度也直接或间接决定了二者的融合程度。一方面要不断从其他地区引进优秀的创意旅游人才，同时也要重点培育本土的创意型人才，通过这两种方式为乡村旅游产业提供文化创意型人才。乡村旅游目的地要与高校、文化企业和旅游部门等相关部门进行合作，从相应部门引进专业人才。

对于外部人才的引进，首先应该制定良好的创意人才引进政策，解决外来人才生活上和工作上的忧虑。在不断引进人才的基础上，要更应注重对乡村本土的文化创意人才的培养。在条件允许的情况下，把当地乡村旅游的从业者组织起来，到外面参加调研、学习，或是邀请文化创意旅游专家到当地，培训和指导本地乡村旅游的从业者。通过外部引进和本土培养相结合的方式集聚大量的创意型人才，符合乡村旅游与文化创意产业融合发展的趋势，将为乡村旅游目的地注入活力。

除了以上的对策，乡村旅游开发还需要积极发挥政府和市场的作用。政府除了需要平衡内部各部门的利益关系，还需要对乡村旅游开发项目进行政策和资金上的支持。作为市场主体，企业投资开发乡村地区的旅游资源，要不断地利用新的科学技术和先进的材料，通过文化创意设计开发乡村旅游产品。除了注重旅游产品的休闲体验性、文化创意性、融合性，还要注重完善乡村旅游产业链，创新创意商业运作模式，与政府形成合力，加快乡村旅游开发建设的速度。

此外，NGO 参与乡村旅游开发，具有政府和企业无法取代的力量和作用，将会促进环境保护意识的宣传、普及，推动公众参与环境保护并对其进行资助。NGO 还可以对政府进行监督，提出合理的建议，这对乡村旅游资源的保护和可持续开发具有重大的意义。

第二节　乡村旅游产品营销创新策略

一、乡村旅游产品营销策略

（一）产品策略

我国的旅游产品的结构相对来说比较单一，缺乏创意。现阶段，乡村旅游产品开发存在层次比较低、文化含量不高等问题。乡村旅游作为一种新的旅游形式，与其他的旅游相比具有鲜明的特点，乡村的环境与生活以及各种乡村的工艺美术、民间建造、民间文艺、民俗节庆、婚俗禁忌、神话传说等都是吸引人的要素。乡村的旅游资源丰富多彩，我们可以根据乡村的资源特色打造几种具有特色的乡村旅游产品。

1. 接待服务型旅游产品

比如以沿鄱阳湖、沿长江、沿昌九工业走廊建设为重点的住宿、餐饮、农业、观光接待服务型乡村旅游产品。主要目的是满足游客的基本需求，同时又能够体现乡村的特色。比如可以设计一些如农家屋住宿、田野小路骑行之类的旅游活动来吸引旅游者。

2. 农事参与型旅游产品

我国拥有许多的乡村旅游资源，在农家产品方面有着自己的独特优势。比如修水县的黄溪村，它拥有茶叶、蔬菜、蚕桑和葡萄等多种农业产品，可以设计茶叶采摘活动、炒茶活动、喂养蚕宝宝活动和葡萄酿酒活动。

3. 休闲度假型旅游产品

在设计乡村旅游产品时以具有优美的田园风光和良好生态环境的旅游地为基础，建设所需的各种休闲娱乐设施，提供各种游乐、探险、休闲等服务，满足旅游者亲近自然的消费需求。

4. 品尝购物型旅游产品

乡村旅游产品特色性较强，一些乡村的美食与各种手工艺产品也能够给旅游者带来不同的体验。总之，乡村要形成自身的特色旅游产品，才能给在激烈的市场竞争中脱颖而出，从而吸引旅游者的目光，促使旅游者前来旅游。

（二）价格策略

我国乡村旅游产品的营销仍然存在价格体系不完善的问题，很多景区存在着宰客的现象。据调查显示，影响人们选择出游的重要因素已经不是旅游费用，伴随着经济的发展，大多数游客都有一定的消费能力。

但另一方面，有37.26％的游客对旅游经历感到不满的原因是价格，并且旅游者的收入越高，游客对旅游不满意的比例也越高。因此我们在设定旅游产品的价格时应该要形成一套完整的价格体系，在进行价格的设定时要充分地考虑到旅游产品的实际的价值。

（三）多样化的宣传促销策略

在当今这个信息化时代，信息的传播至关重要。旅游者是通过各种广告和宣传来了解乡村旅游产品的。伴随着市场营销的逐渐发展，人们对营销越来越重视，其中广告营销就是其中的重要组成部分。在进行乡村旅游产品的宣传促销时，可以在聚集人数比较多的市场或者大型的卖场投放广告，还可以在居民区进行传单的派发或者利用人员进行推销，引起人们的旅游兴趣。

多样化的宣传促销策略可以帮助提高乡村旅游产品的知名度，增强潜在的消费者对乡村旅游的认识，促使消费者对乡村旅游产品产生兴趣从而进行乡村旅游活动。

（四）体验性营销策略

通过对旅游目的地的特点的了解，创造出具有乡村独特氛围的体验性的场景，激发消费者的购买欲望，吸引旅游者来前来旅游，就是体验性营销策略。乡村旅游重在旅游者的体验性，因此乡村旅游产品的主题就是体验。乡村的农家生活和各种乡村活动都具有体验性，对于旅游者来说，参与其中，感受其中的点点滴滴可以帮助他们留下难忘的体验印象。

（五）品牌营销策略

乡村拥有丰富的农产品，在食品安全越来越受到重视的今天，安全的农产品对于旅游者来说有很大的吸引力。因此我们可以针对乡村的农产品进行品牌营销，通过健康的乡村农产品吸引旅游者的兴趣。在进行旅游产品营销之前，我们首先要经过严格的检验，保证产品的质量，并且经过一定的加工和包装。

（六）渠道营销策略

产品的销售渠道对于产品销售也有着一定的影响。一般来说，对于刚刚进入市场的一些乡村旅游产品，可以采用"间接销售渠道"，就是通过和旅行社以及网站的合作来尽快打开市场。

对于已经发展起来的或者进入成熟期的乡村旅游产品，比较适合采用"直接销售渠道"，通过成立公司自己的销售网络，自己来把握乡村旅游产品的销售，更有利于乡村旅游产品的销售。乡村旅游产品具有季节性和不可以存储性等特点，一般来说选择较短的渠道更有利于乡村旅游产品的销售，因为比较多的中间商会很容易让产品的成本提高，也可能因为一些中间商的波折导致本来有特色的乡村旅游产品因为时间的浪费而导致流于普通。

（七）广告营销策略

旅游目的地的宣传和推广是游客了解中国乡村旅游产品的主要途径。没有大力度的宣传和推广，游客就无法了解中国乡村旅游的独特自然景观。同时，广告的传播速度快、传播范围广、可以采用的手段多，具有很强的吸引力，不需要人员与游客之间直接沟通。通过某些媒体投放广告，将我国的乡村旅游产品带给潜在的游客，使他们有旅行的欲望，从而促进我国乡村旅游产品的销售，取得更好的经济效益。

二、文化创意视角下乡村旅游产品营销创新策略

乡村是农耕活动的载体，是中国传统农耕社会的延续，是人与自然融合的地区，它是人与地球之间关系的展示，是与人类文明和自然环境相处的最和谐的方式。如何让乡村旅游目的地满足现代人们的需求，如何促进绿色可持续的乡村建设？在乡村旅游开发中，首先要在思想观念上有文化创新意识，应将文化创意贯穿于乡村旅游发展的各个环节和各个层次，突出乡村旅游产品的特色和文化内涵。乡村旅游市场竞争日趋激烈，营销战略和手段的重要性日益突出。文化创意通过各种方式融入乡村旅游的营销中，通过注重创意旅游营销战略的制定，有效利用各种媒体进行创意交流，注重乡村旅游品牌形象的建立，不断开拓乡村旅游市场。

（一）重点制定创意旅游营销战略

乡村旅游品牌形象的创意营销，首先要制定好营销传播的战略。宏观方面，

要充分利用多元化、多层次和多种媒体，且需有序、得当的配合。微观方面，要处理好各种媒体传播过程中的衔接配合等细节问题。利用新媒体传播平台对乡村旅游进行整合传播，实现最佳传播效果。

一是多种新媒体之间的交互式传播，即同时利用多种新媒体的互动，组合式传播乡村旅游。

二是传统媒体与新媒体的交互式传播，即同时利用传统媒体和新媒体的互动，全覆盖传播乡村旅游。新媒体时代，媒介把关严重弱化，乡村旅游形象随时都可能面临着危机。

因此，在制定乡村旅游营销传播战略中，危机传播管理策略是其中的重中之重，必不可少。一旦收到游客的投诉或是发生意外事件，都可能经过网络的传播和发酵，都会对旅游地的形象造成不可弥补的损失。尽量避免危机的发生，一旦发生危机，立马采取积极的措施和应对行动，通过官方媒体及时发声。在安抚公众情绪的同时，把危机事件处理的进展和信息及时呈现给公众，并根据事件进展和公众态度及时调整处理措施。

（二）聚焦乡村旅游品牌形象塑造

乡村旅游和城市旅游相比，由于资源同质化和开发模式雷同，很难树立独特的品牌形象。但乡村旅游一旦塑造了独特的品牌形象，将会形成市场竞争中明显的优势。乡村旅游品牌形象的构建与乡村地区的整体形象具有密不可分的联系，首先要对乡村旅游地区进行综合的分析，明确旅游目的地精准的品牌形象定位。然后制定与定位相符合的新媒体传播战略，在形象的传播过程中逐渐明确自身特色，分步骤达到旅游品牌形象的构建。在清晰的乡村旅游品牌形象定位后，明确传播主题和传播内容并持续地投入。

在乡村旅游发展过程中，在不同的阶段不断地更新定位，及时推出符合现状和未来发展的品牌形象。在利用新媒体进行传播时，乡村旅游的品牌形象高度依附于网络新媒体平台。因此，必须利用好网络互动体验的特性，通过创意活动，如形象代言人的征集等引导新媒体公众参与，打造更新颖、更具亲和力的乡村旅游新形象，更好地促进乡村旅游品牌形象传播力的提升。

（三）注重行业人才培养建设，加强区域间的合作

1. 大力培养当地乡村旅游经营者

在初期的乡村旅游发展中，乡村旅游产品的经营者和从业人员，大多数是

当地村民，从业人员的低素质是全国乡村旅游发展面临的共同难题。

为此，要采取多种手段，"招培共举"，一方面由政府给予相关补贴，在各地高校招聘旅游管理相关专业毕业生来到当地工作，提高当地旅游从业人员学历水平。另一方面，聘请高校旅游管理专业教师，对当地现有从业人员进行专业培训，组织行业交流，拓宽视野，实现素质的提升。

此外，还可组建当地乡村旅游行业协会，建立从业人员人才库，制定行业工资集体协商制度，为从业人员谋取相关福利，提升薪资待遇水平，增加从业稳定性，减少人力资源流失，为乡村旅游的快速发展奠定基础。

2. 实施跨领域合作，提高创新意识

以辉南为例，其在 2016 年提出了"全域旅游"战略，将龙湾国家级自然保护与辉南县乡村旅游发展紧密结合在一起，形成 $1+1>2$ 的整体合力。深度挖掘龙湾风景区的火山地质资源、森林资源的同时，也向众多游客推广辉南县特色的采摘园、垂钓园、民俗风情园等乡村旅游产品，打造"生态旅游＋乡村旅游"的精品线路。在此基础上，可以进一步提出与周边县域采取跨领域合作，以通化市现有旅游产品为突破口，采取结合方式，整合乡村旅游资源实现合作。

例如：通化葡萄酒厂参观＋辉南山葡萄采摘活动、高句丽遗址＋民俗篝火活动、上马道温泉＋环大龙湾徒步＋农家绿色蔬菜宴等活动，都值是值得借鉴的宝贵经验。

第五章 乡土文化与乡村文化旅游资源开发

乡村旅游目前已成为我国农村发展的重要产业，其核心吸引力是特色乡土文化。对于乡土文化而言，其作为旅游资源中的重要部分，不仅会对农村经济环境造成影响，而且还会使农民摆脱当前的贫困状况。本章分为乡土文化自信与美育、乡土文化与乡村文化旅游资源、乡村文化旅游资源开发的策略、乡村文化旅游资源开发的经验借鉴四部分。主要内容包括：乡村教师乡土文化自信、美育教育、发展乡土文化的意义、文化旅游与乡村文化旅游资源等方面。

第一节 乡土文化自信与美育

一、乡土文化自信的内涵

乡土文化自信，即对乡土文化所保持的肯定和确信状态。乡土文化是中国传统文化中的一种特殊形态，是在乡土社会中诞生的，属于乡村社区居民共享的文化形态。因此，乡土文化自信的主体也应是乡村社区中的成员，他们从心底真正生发出对乡土文化的认同、肯定心理，并在行动中自觉加以运用。提升，即从低到高不断增长、前进的过程。乡土文化自信提升，特指文化主体对乡土文化的肯定和确信态度的形成过程，这包括以下假设：这一文化主体的乡土文化自信程度还比较低，因此需要提高他们的乡土文化自信水平；乡土文化自信从低到高的过程需要一定的外界支持，必须借助外界的力量才能实现。乡土文化自信是渐变的、延续的，是在乡村历史积淀的基础上，吸收借鉴外来先进文化、培育新的文化心理的过程。

二、乡土文化教育与美育

（一）美育的概念

何谓美育？18 世纪末，德国哲学家和思想家席勒在《美育书简》中首次提出了"美育"的概念，他指出："有促进健康的教育，有促进认识的教育，有促进道德的教育，还有促进鉴赏力和美的教育。这最后一种教育的目的在于培养我们感性力量和精神力量的整体达到尽可能和谐。"[1] 蔡元培说："美育者，应用美学之理论于教育，以陶养感情为目的者也。"美育即审美教育，是一种按照美的标准培养人的形象化的情感教育。仔细琢磨这个定义，就会发现其中的词不外乎是"形象""情感""教育""美的标准"等。这就确凿无疑地将美育同德育、智育等区别开来，这也提醒了我们对乡土文化教育美的内容和形式的关注。乡土永远是美的，乡土也应该显现为美的。这两条原则可以说是乡土文化教育的总则。

1. 乡土永远是美的

地球上任何一块地方，应该说都有它的可爱之处，何况是人可以居住生活的地方。天人相得，悠然生活，天以养人，人得济天。其间真意，虽欲辨忘言，但毕竟可以通过"采菊东篱下，悠然见南山"来体现，并让人在记忆中醇化成晶，永生难灭。乡土在文化中积淀的另一现象是活在人的记忆中。现在我们看到的描述乡土的名篇，多产生于人远离乡土之后，这是乡土文化之美在记忆中进一步美化的最好说明。

2. 乡土应该呈现为美的

人的审美能力是逐步完善的，而且一般是从各种各样的教育中得到启示的。山水诗这种以自然美为主要内容的文艺形式，也要等到魏晋南北朝才壮大丰满，而在此之前，《孟子》《庄子》文章中的理论之美与形象之美，从某种角度看已经发展到极致，但是那种极致也没有开启对山水美的审视。非得到了这一时期，人的审美能力才得以发挥，山水作为审美对象才来到文艺家的眼中手下。如此，乡土文化则必须担负起审美教育的担子确凿无疑。

---

[1] 吴钰濛，陈本友. 扎根乡土文化，挖掘美育素材：重庆市北碚区美育实验改革初探 [J]. 教育信息化论坛，2019（06）：64-65.

（二）乡土文化教育中美育原则的贯彻

宏观来看，现代化过程中，如韦伯所言，对"神圣魅力"的驱除是文化心理上的重要特征。从某种意义上，文学即"神圣魅力"的重要组成部分。中国在现代化过程中对"神圣魅力"的驱除，可上溯到百余年前的自强运动，而在甲午战败后达到高潮："夫取士必由考试，考试必由文艺，于是乎执政之大臣，当道之达宪，必由文艺以相升擢；文艺乃为显荣之阶梯耳，岂足济夫实效？"20世纪七八十年代曾有一个文学的短暂复兴，但被经济和法律的崛起快速地打败了。然而，文学毕竟是人的精神家园之一。尤其是少年和青年，不能不经过文学的洗礼。近年盛行的青春文学，恰与文学阅读在成年人中的迅速衰落形成强烈反差，这也是青少年需要文学的一种自然表现。从这个意义上，面对儿童和少年的乡土教材，如果不积极地采用文学内容和文学化的手法，真使人无以理解、诧异莫名。然而不幸的是，翻读了一些本省的乡土文化教材，其知识性的介绍大多流于机械呆板，对儿童的认识视野扩大一无体会，其表达方式也平淡乏味，几无可读性。如此这般的教材，又如何能激起学生的学习兴趣？教材的编写者们至少应该好好地研究房龙的文笔，尤其是房龙在每一部书籍开头展现的高度迷人的叙述技巧。比如《人类的故事》写的是全人类的历史，序言却是一个十二三岁的小孩第一次上鹿特丹古老的圣劳伦斯教堂塔楼顶上的经历：先是教堂司事拿来一把巨大的钥匙，推开了锈住了的旧铁链，将少年与繁华的街市喧嚣隔绝开来，锁进了一个神奇的世界。在那里，静寂开始听得见，一根火柴指示着少年登楼。不知上了多少层，眼前突然大放光明，原来来到了一间储藏室，勤快的老鼠在此做窝，永远保持警惕的蜘蛛在圣像塑像的双臂间结网捕食。再上一层，见到数以百计的鸽子在大铁窗的铁条上栖身，世间的嘈杂声与鸽子的叫声混杂在一起显得十分美妙。楼梯到这里为止，再上去是一部又一部梯子，可以看到城市的时钟，再上一层是一口大钟，它只在大灾难如火灾来临时敲响，此时如在寂寞中回顾过去的六百年。然后又是黑暗，再爬了几部梯子，突然少年呼吸到了无际苍天的新鲜空气，原来这就是塔楼的最高处。人们显得像蚁群，而远处是一片辽阔的田野。少年第一次看见了辽阔的世界。这段探险般的经历，将少年渴望通过勇敢尝试了解未知的心理，表达得惟妙惟肖；而登高的经验，与后文对历史的探究形成一种巧妙的对应，挑逗起了少年的好奇心。笔者读完《人类的故事》记忆不深，对这段序曲倒是久久难忘。如果我们的乡土文化教材能充分地借鉴房龙的文学手法，纯熟地运用各种文学手段来描述和展示乡土文化的内容，在儿童和少年的心灵间自然会激起更强烈的感情效应。

第二节　乡土文化与乡村文化旅游资源

一、文化旅游

对文化旅游概念，学者们可谓见仁见智，当前学术界尚无统一定论。但具体到各个国家和地区，由于研究的目的和角度不同，各种文献的众说纷纭，对文化旅游的理解存在很多差异。经过分析、整理，将文化旅游内涵概括为：旅游者在游玩、欣赏旅游目的地的基础上，为进一步获得高层次的文化和精神上的满足，以观光、参与等行为为媒介，通过对旅游目的地的文化现象的鉴赏、体验和感受，以达到知晓旅游目的地文化特点、提高自身文化修养、满足精神陶冶情操为目的的全方位的文化上和精神上的一种旅游活动。

二、乡村文化旅游资源

根据文化旅游的内涵，结合旅游资源的概念，文化旅游资源可以归结为：凡是能够吸引旅游者产生文化旅游动机，并可以被利用来开展文化旅游活动的各种自然、人文或其他客体因素。文化旅游资源在资源形态上既有物化形态的实在物，也有非物化形态的模式或意境，主要体现为旅游目的地的物化景观文化、生活方式、制度和观念文化等。从自然旅游资源与人文旅游资源所包含的内容来看，无论是对其自然美景的审美欣赏，还是对其文化内涵的深入探究，都带有强烈的文化色彩，皆属于文化旅游资源。

三、发展乡土文化与文化旅游的意义

美丽乡村建设是在完善公共基础设施的同时，进一步推动文化与生态文明建设的重要举措，美丽乡村建设的开展为乡土文化的传承发展提供了重要发展契机、坚实物质基础、良好生态空间以及和谐的人文环境，是解决目前乡土文化遭受破坏的有效途径。同时，乡土文化作为乡村的"根"，民族的"魂"，对美丽乡村的建设又具有推动作用。

（一）是实现"环境美"的基础保障

"环境美"是推进美丽乡村建设的基础要素。各个地区的乡土村落都是与其落脚的自然环境相互依存的，不同的气候地形、不同的土壤草木，滋长出了不同的乡土文化与风俗习惯，建造出了独具地方特色的乡土建筑，形成了千差万别的乡土环境。乡土环境可划分为自然环境、人文环境、社会环境三大主体。其中人文环境是村民创造出的智慧结晶，也是乡土文化的载体；社会环境是乡村整体的风气和氛围，是乡土文明进步的动力。

乡土文化作为在乡土环境中孕育而生的产物，对于乡土环境的保护和改善有强有力的推动作用，传承和发展乡土文化是实现"环境美"的基础保障。

1. 有利于丰富乡村环境保护知识

乡土文化中蕴含了村民在与自然的和谐相处中获得的大量自然知识和劳作经验，这对于地区的生态保护有很大的帮助。例如，在某些少数民族地区，很多年前村民为了增强土壤的肥力，创造了轮歇在土壤上种植水冬瓜树的办法，不仅使得当地土壤的肥力大大增加，同时使得地区的森林覆盖率明显提高，此方法延续至今，代代相传，成为村民口中的"土法子"。如果地方政府将该方法传播至其他地区并加以改善，客观上促进了环境保护工作的开展。

2. 有利于增强村民的环境保护意识

在传统的乡土文化中，对于宗教信仰，风水禁忌大都很有讲究，一定程度上也限制了人们的不道德行为。例如，在河北省怀化市百年以上的古树有 47 株，这些古树不仅起到绿化环境、观赏乘凉的作用，同时也作为当地的风水树，与古寺、庙宇、墓地等融为一体，这使得当地村民由于害怕触犯禁忌不敢乱砍伐木，从侧面约束人们的道德行为，提升了环保意识，所以这些百年古树才可以保留到今天。

3. 有利于促进乡村资源的再生发展

俗话说"靠山吃山，靠水吃水"，自然给予了村民生存和发展的资源，村民也必须回报自然，利用乡土文化的影响保证子孙后代也能敬畏自然，保护自然。例如，贵州省开阳县水头寨的罗姓布衣族，制定了文明公约，并专门强调了对山林的保护，规定"封山期间禁止入山砍树，外寨公民禁止在我寨范围内砍柴烧炭，我寨人亦不可侵入他人地区砍伐"。通过公约的形式约束了村民，保障了当地环境的生态效益，促进了自然资源的再生和可持续利用。传承发展乡土文化对于环境的保护和美化有着十分重大的意义，这是村民尊重自然、顺应自然、利用自然的表现，要合理的开发和利用乡土文化，推动生态环境的健康发展，实现美丽乡村建设的"环境美"。

（二）是实现"文化美"的核心举措

"文化美"是打造美丽乡村的核心要素。每个区域都有其独特的地域文化，这种地域文化既是对历史痕迹的传递与继承，也是对当地的乡土文明风貌发展轨迹的记载，并在历经风霜的发展中展现出了别具一格的乡土特色，形成了专属的"地域印记"。

乡土文化的发展状况直接影响到乡村的文化建设，传承发展乡土文化是实现"文化美"的核心举措。

1. 有利于彰显地域文化特色

乡土文化是一种纯粹的原生态文化，它是在农业社会的演变发展中通过农民传统的生产方式、生活习俗等沉淀积累形成的一种独特的文化。在源远流长的中国历史文化的熏陶渲染之下，我国乡村的发展呈现出复杂多样、差异鲜明的特点。但无论是物质或是非物质乡土文化，都植根于农村生产生活的方方面面，都是地区文化符号的承载。传承发展乡土文化可以为乡村烙上独具地域特色的乡土标志，推动美丽乡村的建设，打造乡村建设的灵魂。

2. 有利于提升乡村文化软实力

乡村文化软实力是一个乡村发展的精神支柱和不竭动力，乡土文化传承则是提高文化软实力的关键一步。乡土文化对提升农民对家乡的归属感、自豪感和荣誉感是现代文化无法取代的，是新时代农村内涵建设的基础，是唤醒村民对于民族文化认同感、归属感的重要途径。通过展现优秀乡土文化，保持并丰富文化的多样性，能让村民记住乡愁，留住根脉。

传承发展乡土文化，可以提高农民整体素质，推进新时代乡风文明建设，增强文化自信，达到乡村经济发展和农民思想品德提高的双赢局面，最终实现乡村的"文化美"。

（三）是实现"产业美"的助推引擎

"产业美"是美丽乡村建设中的物质保障，只有产业发展起来了，农村收入增加了，才能使美丽乡村建设拥有坚实的基础。传承发展乡土文化有利于塑造特色产业，是实现"产业美"的助推引擎。

1. 有利于营造良好的营商氛围

营商环境是一个地区经济发展的直观反映，能否建设良好的营商环境，直接影响着一个农村经济发展的进程。而乡土文化中恰好包含许多值得后人借鉴学习的正能量，如"工匠精神"、担当精神、"出污泥而不染"的高洁品质、舍生取义、精忠报国的精神信念等，传承发展乡土文化、弘扬优秀的精神文化品质，对于营造公平公正、透明高效的营商环境具有积极影响作用。

2. 有利于塑造特色产业

充分利用乡村的特色文化资源，发挥乡村在旅游、康复疗养等方面的优势，同时建立起自己的农业品牌，挖掘乡村文化产业的新功能、新价值，发展乡村农家乐、乡村度假旅游工程、乡村共享经济的新业态。传承发展乡土文化的同时，也激发了乡村文化的潜能，为农业赋能同时催生新业态发展，推动美丽乡村的经济发展。

3. 有利于优化产业结构

传统产业粗放的发展模式已与当前经济社会环境以及人民日益增长的美好生活需要不相适应，必须对其进行改造升级。在传承发展乡土文化的同时，提高乡土文化产品的创新力，将乡土文化特色与先进产品相融合，拓展了乡土市场，优化了乡村产业结构。

美丽乡村的建设离不开坚实的产业基础，传承发展乡土文化，对于营造良好营商氛围、塑造特色产业、优化产业结构具有重要意义，是实现"产业美"的助推引擎。

（四）是实现"治理美"的有效途径

"治理美"对于实现全面建成小康社会目标，把广大农村建设成为人民向往的美丽乡村具有重要现实意义。党的十九大报告指出："加强农村基层基础工作，健全自治、法治、德治相结合的乡村治理体系。"

传承发展乡土文化，有利于推动"三治"结合，进一步完善乡村治理体系，实现"治理美"。乡土文化中所包含的乡贤文化、邻里文化等优秀乡土文化，对该区域的村民具有教化作用，拥有见贤思齐、崇德向善、诚信友善的特征。

（五）是实现"生活美"的重要渠道

"生活美"是美丽乡村建设成效的直接检验标准。乡土文化与村民的生活息息相关，文化源于生活同时浸染于生活，传承发展乡土文化，是实现"生活美"的重要渠道。

1. 有利于改善村民的物质生活

随着信息技术的发展，原本藏匿于深山中，草原上的乡土文化、农耕文化、民俗文化越来越受到现代人的关注和青睐，昔日"难登大雅之堂"的草根文化成了"香饽饽"，精妙绝伦的民间手艺备受推崇，精彩纷呈的乡间歌舞传唱甚远，新鲜诱人的土特产也远销外地甚至形成一定的产业链，各个乡村小镇也吸引了大批游客，一时间名声大噪。乡土文化的传承促进了乡村的经济发展，既提高了村子的知名度，也给村民们带来了可观的红利，提高了村民的经济收入和物质生活水平，形成乡村文化传承与村民生活水平改善的共赢局面。

2. 有利于丰富村民的精神文化生活

乡土村落一般位于远离城市的大山，由于山路崎岖、交通不便，当地的村民与外界联系较少，虽然很多乡村在政府的帮助下也建设了图书馆、戏院等公共设施，甚至还会举办露天电影等活动，但有的村民对此并不感兴趣。特别是久居于此老一辈的人，他们钟情于与生活相关的传统文化活动，如剪纸刻字、绘画彩塑、花会歌舞等，对于这些活动，村民们信得过、学得快，也乐于参与。支撑他们精神世界的更多的是传统乡土文化中的宗族概念和宗教信仰，乡民们为了宗族兴旺、香火旺盛，热衷于修族谱、立宗祠、祭祖宗、定族规等活动，在同一片乡土中生活的村民通常秉持相同的信仰，建寺庙、求神拜佛的现象也很常见。

这不仅表达了村民对家人的美好期许和祝愿，也是村民精神上的抚慰和安定。在日出而作、日落而息、简单质朴的乡村生活中，传统乡土文化极大丰富了村民的精神文化生活，成了村民精神上的寄托与归宿。

和谐稳定的乡村生活离不开多彩丰富的乡土文化，就如同习近平同志在《之江新语》中所说的："文化育和谐，文化建设是构建和谐社会的重要保障和必然要求。"不仅为村民的日常生活增添了许多乐趣和仪式感，也为今天乡村的进步与发展留下了许多宝贵的财富，这是对乡村发展历史的追忆和思念，也是对祖辈生活状态、节奏的演绎和重现。因此，在美丽乡村建设的过程中，我们应该更加重视和支持乡土文化的传承发展，创造一片积极健康的乡村生活环境，实现乡村的"生活美"。

第三节　乡村文化旅游资源开发的策略

一、乡村文化旅游资源开发的因素

旅游发展动力系统是一种主导动力模型，主要根据动力因素确定。文化旅游发展动力系统包括内在动力系统和外源动力系统两个方面。内在动力是一种自发的内在力量，表现为资源吸引力、经济的驱动、接待设施和旅游企业等支持系统的建设等方面。外源动力主要来源于外部环境与国家有意识地对其进行的规划、调控行为。内在动力和外源动力机制相辅相成，共同组成文化旅游资源开发的动力系统。

（一）旅游资源禀赋条件

1. 文化旅游资源数量、结构和等级

文化旅游资源的数量、结构和等级三者同时影响文化旅游资源开发的规模。文化旅游资源数量是指旅游区内可供观赏的文化旅游景观多少；文化旅游资源结构则是旅游区内各种文化旅游资源的类型组合；在确定人文旅游资源等级时，通常是资源的观赏游憩价值越高，其等级也越高。

旅游产业发展的最初阶段往往呈现出较强的资源依赖性。一些旅游目的地，由于资源点规模过小、分布零星，高品质的旅游资源不多，单体难以构成旅游吸引力，且不利于旅游者长时间停留等一系列原因，资源禀赋等级较低，给文化旅游资源的开发和利用带来了很大的问题。如安徽省铜陵市在发展铜文化旅游的过程中，面临的主要问题有：旅游业处于起步阶段配套设施和相关政策明显不足；高品质的旅游资源不多，难以吸引游客的眼球；资源单体规模较小、分布散乱，各景点联动性差；部分景区景点的可进入性较差，交通条件有待改善；核心资源可观性不强，参与性不够，开发难度加大。

2. 文化旅游资源的特质

首先，文化旅游资源的特质表现在时间方面。文化旅游资源的时间性决定了文化旅游资源的稀缺性，因此稀缺的文化旅游资源具有较高的可度量价值。同时文化旅游资源及其相关的社会、经济、文化背景，也具有很大的旅游吸引力，要求在开发过程中对其历史、文化价值进行考证。如我国被联合国教科文组织认可并公布的世界文化遗产包括周口店北京人遗址、甘肃敦煌莫高窟、长城、秦兵马俑等，都表现了时间价值的重要性。

其次，文化旅游资源的价值表现在地域差异性方面。从最宏观层面看，我国的文化景观类型归为三大区域：长城以北与新疆、西藏的游牧文化区；东部、南部沿海一带的海滨文化区；以及介于这两个地区之间的农耕文化区。对各地域文化资源进一步辨异，则可以从其渊源、流变、内容与形式等多方面发掘出文化旅游资源的丰富性与多元性。因此，在文化旅游开发中，对民族性和文化

性的要求提高，要求突出强调文化的内涵，寻找文化旅游开发的灵魂，发掘、提升现代景观设计与旅游产品的文化品位，避免在当前"千城一面""万园同构"的时弊下，将文化资源简单符号化。

我国文化旅游资源丰富，国家级、世界级占有很大比重。但目前一些已入选《世界遗产名录》的文化旅游资源的开发过程中，仍然面临着严重的问题。如由于历史及旅游地自然条件的原因，我国大多数旅游地的建筑采用木质结构，抵抗各种危害系数低，开发工作难度加大，甚至一些古建修缮和开发项目将对文物资源造成了无法挽回的损失。因此文化旅游资源在文化旅游活动开展过程中能否保持自己的特质并持续下去也是制约开发程度的重要因素。

3. 文化旅游资源丰度和空间分布特点

由于文化旅游资源具有区别于一般旅游资源的特性，可以是有形的也可以是无形的，可以是物质形态的也可以是抽象的，因此在布局上以及线路组织上又具有一定的灵活性。

文化旅游资源丰度和空间分布特点是区域文化旅游资源开发规模和开发可行性的重要决定因素。一般而言，景观丰度较大，空间分布合理的旅游区开发的动力也较大，也越有可能开发成高品质旅游区。

（二）客源市场需求条件

市场需求结构涉及需求的空间结构、时间分配、需求类型和消费者结构等；需求量涉及需求总量、不同区域和不同类型的需求量、需求的时间变化系列等，如图 5-1 所示。

文化旅游，既有文化的精神产品满足人们在精神上的需求，表现了强大的魅力与旺盛的生命力，又使旅游业从观山看水的自然状态走向了在理解世界中深化自我、陶冶自我的思想状态，充分满足了当代社会游客对高层次旅游的要求。目前，文化旅游已经被认为是当代旅游增长最快的领域之一，显然与客源市场需求的推动是分不开的。

```
                    ┌──────────────────────┐
         ┌─────────→│   市场需求调查及分析   │
         │          └──────────┬───────────┘
         │                     │              ┌──────────────────────┐
         │                     ▼              │   旅游资源调查与分析   │
         │          ┌──────────────────────┐  └───────────┬──────────┘
         │          │       市场细分        │              │
         │          └──────────┬───────────┘              │
         │                     │                          │
  ┌──────┴──┐       ┌──────────────────────┐              │
  │  反     │←──────│       市场定位        │←─────────────┘
  │  馈     │       └──────────┬───────────┘
  └──────┬──┘                  │
         │          ┌──────────────────────┐
         │          │     旅游产品开发      │
         │          └──────────┬───────────┘
         │                     │
         │          ┌──────────────────────┐
         │          │   市场促销与产品经营   │
         │          └──────────┬───────────┘
         │                     │
         │          ┌──────────────────────┐
         └──────────│        旅游者         │
                    └──────────────────────┘
```

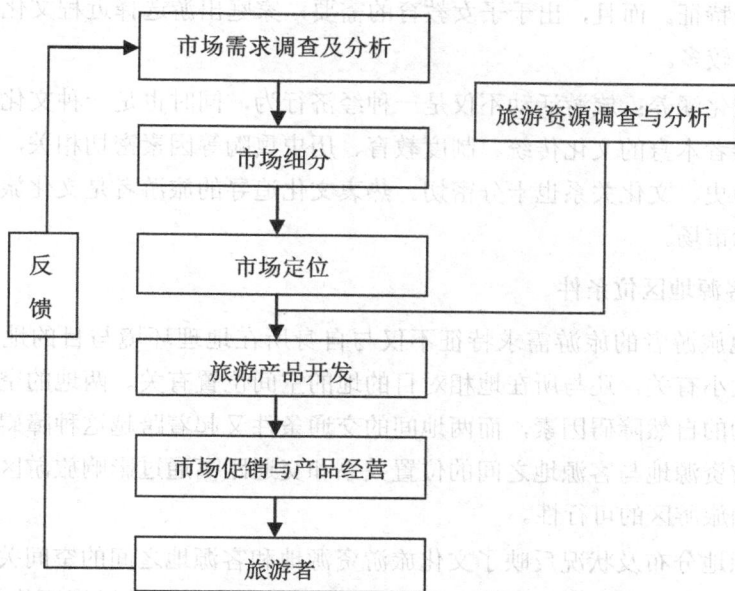

图 5-1　客源市场需求对旅游开发决策的影响

1. 客源市场需求状况

中国旅游业的发展在很长一段时间内是以市场需求拉动为主要特征的，经历了国际旅游、国内旅游两轮市场需求的冲击，旅游产业发展也随着市场需求的变化从被动的接待型转向产品开发型。目前，文化旅游已经被广泛地认为是当代旅游增长最快的领域之一，显然与游客需求的推动是分不开的。影响客源市场需求状况，是文化旅游资源开发的主要动力，其影响因素主要有以下几点。

①性别组成：中国男性居民比女性居民有更多出游机会。

②收入水平：经济收入的区域差异决定了旅游者出游能力和购买能力的大小。

③闲暇时间：东部地区的城市居民周末时间表现为较强的出游能力和较大的活动空间。

④年龄、职业：不同年龄的游憩动机有较大差异。已就业的多以公务员、科技人员、工人、公司职员和商业从业人员为主，未就业的多以学生为主。

⑤教育程度：出游行为很大程度上是一种精神消费，因此受教育程度越高，对旅游的需求越大。相对地，教育程度越高，对文化旅游资源的需求也相对较大。

⑥家庭结构：不管家庭结构如何，合家出游的现象已成为世界范围值得注

意的市场特征。而且，出于子女教育的需要，家庭出游选择近程文化旅游目的地的机会较多。

⑦文化涵养：旅游活动不仅是一种经济行为，同时也是一种文化行为，不仅同旅游者本身的文化传统、制度教育、历史熏陶等因素密切相关，而且同目的地的历史、文化关系也十分密切。热衷文化追寻的旅游者是文化旅游资源的主要目标市场。

2. 客源地区位条件

各地旅游者的旅游需求特征不仅与自身所在地理环境与目的地地理环境的差异大小有关，还与所在地相对目的地的空间位置有关。两地的空间距离是旅游活动的自然障碍因素，而两地间的交通条件又起着跨越这种障碍的作用。文化旅游资源地与客源地之间的位置关系和交通距离通过影响旅游区交通可达性，影响旅游区的可行性。

客源地分布及状况反映了文化旅游资源地和客源地之间的空间关系。大量事实表明，旅游区的旅游经济价值大小，有时并不与文化旅游资源价值成正比，而在很大程度上取决于他们和消费市场——经济发达地区或者都市圈的交通距离。客源地区位与交通可达性有着密切的联系，地理区位是稳定的，而交通可达性是可以改变的。目前一些地区的文化旅游资源虽然具有很大的价值，但往往因可进入性不强导致客源市场的短缺，因此急切需要改善交通来提高其开发潜力。

（三）经济社会发展要求

随着经济发展水平的提高，科学技术、工程技术的进步，各种新材料不断出现，未来旅游产业的空间布局将逐渐由过去的以资源禀赋为中心，转向以城市和发达地区为中心，旅游产业发展的资源依赖性将大大减缓。经济社会发展的要求成为旅游资源开发和建设的重要影响因素。

1. 区域经济增长的需求

强大的经济实力，为旅游业发展提供了良好的基础和支撑。经济发达地区依托其便利的交通或显著的地理位置，吸引广大消费者和投资商，强大的经济实力成为旅游发展的主导动力。同时，伴随着产业结构调整、地方产业高级化发展、营造自身区域竞争力和培育新的经济增长点的要求，使旅游地有能力在一个更高的起点上投入旅游业的建设，从而实现旅游业的飞跃性发展。典型的地区有深圳、广东东莞、上海崇明岛、杭州萧山等地。以东莞为例，有别于一般地方以旅游资源开发、旅游产品推陈出新为主的传统发展模式；以深圳市为例，当地凭借其强大的经济实力，以主题公园作为文化旅游主打吸引力，具备发展商务、会展旅游的基础，强大的经济实力成为深圳旅游发展的主导动力。

2．产业结构优化的需求

产业结构优化升级就是按照社会主义市场经济规律的要求，改善各种经济成分的行业分布，形成良好的产业分布格局，实现社会资源的优化配置。加快发展服务业特别是现代服务业是实现产业结构优化升级的重要方面。服务业的兴旺发达是现代经济的一个显著特征。大力发展服务业是加快工业化、现代化的必然要求。这对于促进国民经济协调发展、提高经济效益和效率、扩大劳动就业、加快城镇化进程、改善人民生活，都有着重大作用。旅游业作为现代服务业的重要组成部分，已逐渐成为第三产业的支柱行业，是实现区域产业结构优化升级的有效形式。

3．居民文化娱乐的需求

旅游被视为居民的一项福利，满足居民旅游休闲需求是社会的义务之一。据不完全统计，当前我国居民工作时间仅占人生十分之一，生活必需时间占一半，闲暇时间占三分之一。而且，随着生产力的发展，闲暇时间呈现不断增长的趋势。同时，经济的发展带来恩格尔系数不断下降，居民在教育、娱乐和旅游等非基本生活需求的支出所占比重越来越大。文化旅游活动的开展促进了文化旅游资源的开发和文化旅游产品的发掘，是世界旅游业发展的一大趋势。在旅游业发展过程中，只有提高旅游地旅游资源的文化内涵和品位，吸引到不同阶层和层次的旅游者，才会对游客产生持久的吸引力。因此，通过文化旅游资源的开发，优化休闲娱乐产品结构，提高休闲娱乐产品质量，是满足居民日益增长的文化休闲娱乐需求的重要途径。

二、乡村旅游资源开发的策略分析

（一）乡村文化旅游资源开发

1．加强资源保护

对于乡村的文化旅游而言，其通常有着历史遗产及旅游资源等不同身份，这就致使旅游具体发展中不仅涉及政府、旅游企业等公共单位的主体地位，而且还与历史遗产的保护机构有着较强的相关性。因此，在多方认同无法协调的状况下，各利益相关者就会做出有利于自己发展的决策，且付诸实际行动。例如，具备历史文化的村镇进行旅游开发，其与遗产保护的相关部门缺乏沟通，就导致村镇产生开发性破坏。基于此，在旅游开发的时候，就需要进行公共管理，以政府为主导，充分发挥信息资源优势，并构建能够代表各方利益的平台，以促使各个公共关系体之间的信息交流得到有效强化，并确保乡村的文化资源得到稳定发展。与此同时，政府需构建完善的利益分配制度，确保各个主体间具备保护与开发的共识，并在文化资源的开发中遇到任何问题都能够及时地沟通与反馈，从而使文化资源的开发和保护实现持续发展。

2. 加强形象的塑造

乡村旅游的文化资源作为一种具有特殊性的公共产品，其具备的属性通常对文化资源的开发有着决定性影响，政府不仅需承担大量的组织工作，而且还需主导有关旅游设施的建设工作，并宏观上对企业的经营及管理进行指导，必要的时候也能够出面干涉，以确保旅游企业能够良好运营。同时，构建企业型的政府，通常能够确保政府根据市场的经济发展规律办事，并为文化资源的有效开发设置相应的市场环境。在旅游资源的具体配置中，还可以运用政府具备的信息资源优势，通过多媒体宣传，为农村重塑形象，为乡村旅游的资源保护筹集资金。

（二）乡村旅游文化资源的实施策略

1. 旅游文化与民居建筑相结合

对于居民建筑的旅游文化而言，其通常包含软环境与硬环境，其中，"软环境"通常指乡村旅游相关人员的服务水平及文化活动开展的质量，而"硬环境"通常指乡村本身的自然环境以及对应的设施环境等。在具体旅游活动当中，"感觉"通常是游客的重要追求，如果旅游的"硬环境"与"软环境"都不佳，就会使游客产生不好的感觉，并对旅游业的整体发展造成不利影响。因此，乡村旅游的文化资源在具体开发中，需加强"软环境"和"硬环境"的结合建设。首先，建设"硬环境"，主要指加强田园风光、特色农舍、交通设施、文化古迹的建设，田园风光需注重自然宁静、景色宜人，不仅需加强地方特色的建设，而且还需要在保护文化古迹建设的同时，融合大自然的景色，以使观光者的感官得到有效满足；乡村农舍的建设除了地方特色，还可以融入乡土人情，构建特色元素与现代化元素结合的农舍，以吸引游客；交通设施则需要政府机构与当地人民共同建设，通过交通设施的完善，为乡村旅游实现良好发展奠定基础；

文化古迹的建设需在原文化古迹的基础上，加入现代化的基础设施，不仅能够确保旅游观光者在参观古迹的时候，能享受舒心的服务，而且还能够实现文物古迹的有效宣传，以吸引更多人来当地了解其历史文化。其次，建设"软环境"，通常指提高旅游从业者的服务水平、提升旅游区的服务效率，以高服务质量吸引更多游客。

2. 乡村文化与游客需求相结合

在对乡村的旅游资源进行开发时，不仅需符合游客休闲娱乐的需求，而且还需注重旅游区域人民的文化水平及经济效益的提高。大部分西方国家都是将当地居民作为出发点，逐渐促进乡村旅游的发展。

第四节 乡村文化旅游资源开发的经验借鉴

一、国外乡村旅游资源开发经验借鉴

（一）法国普罗旺斯乡村旅游

普罗旺斯位于法国南部地中海沿岸，是法国最美丽的乡村度假胜地，吸引了来自世界各地的游客。独特的本土植物"薰衣草"，几乎成了普罗旺斯的同义词，在普罗旺斯，你不仅可以感受薰衣草的魅力，还可以购买到独特的薰衣草产品。

（二）美国纳帕溪谷

美国纳帕溪谷距旧金山 80 公里，最早的葡萄园建于 1886 年，现在有近200 家红酒企业生产最优质的葡萄酒。当地的风景优美，不仅适合葡萄的生长，而且已成为红酒文化和庄园文化的旅游胜地。

二、国内乡村旅游开发的经验借鉴

（一）郫县："农户＋农户"模式

花舫、盆景、苗木生产基地，这就是郫县农家乐的起源。它的突出特点是农民家庭和休闲方式成为吸引人们的主要原因。农民是自我管理业务的主体。但是，这种经营模式也有缺陷，传统的小农经济固有的经济管理效率很低，规模小，产品多样化有限。

（二）山东淄川梦泉："公司化＋农民"模式

这种模式的突出特点是开发商设立的公司负责具体的业务运营，农民通过土地转让积极参与整个资源开发过程。这种方法成功地利用了旅游公司的专业运营技术和资金，成功地使淄川梦泉成为一个充满乡村趣味的旅游目的地。同时，当地农民在发展前通过土地要素转让和劳动力投入也获得了丰厚的收入。

第六章　乡村振兴视域下乡村旅游的发展战略

在目前乡村建设过程中，乡村经济发展已经成为首要任务，而乡村经济发展应当以乡村各个行业及产业的发展为基础，而乡村旅游就是比较重要的一种产业，在促进乡村经济发展方面有着重要的作用。因此，在目前乡村振兴战略背景下，基层工作人员需要注重乡村旅游发展，并且积极实现乡村旅游发展创新，使乡村旅游发展能够得到满意的成果，为实现乡村建设更好发展提供有力支持及保证，使乡村振兴更好实现。本章分为乡村旅游发展的影响因素、乡村振兴视域下的乡村旅游发展现状、乡村振兴视域下乡村旅游发展的战略三部分。主要内容包括：乡村旅游的相关理论基础、淄博市发展乡村旅游的背景条件、淄博市乡村旅游发展现状、淄博市乡村旅游发展存在的问题等方面。

第一节　乡村旅游发展的影响因素

一、乡村旅游发展的理论基础

（一）可持续发展理论

1980 年，联合国等国际组织共同发表了《世界自然保护大纲》，主要从对大自然的开发、利用和保护等方面，对可持续发展理论进行了系统的叙述。玛丽安（Marian）研究了文化遗产和历史遗迹保护相关理论，认为在发展过程中一定要做好保护和维护工作，不能让其成为发展的牺牲品。马希德（Mahshid）通过分析研究欧盟国家的乡村旅游现状，创建了概念模型，并得出发展乡村旅游有利于可持续发展的结论，并进一步总结了欧盟国家在发展乡村旅游方面好的做法。奥塔尔（Otar）指出发展乡村旅游有利于提高一个国家的旅游业整体发展水平，对经济持续健康发展有重要影响，对提高农民的生活水平、改善农村环境有不可替代的作用，同时有利于解决孤寡老人、留守儿童、农村人口老龄化和人口不断减少等问题。

多年之前，人们片面地认为发展旅游业不会对环境造成破坏，更不会造成资源的浪费，但是经过这些年的实践发现，发展旅游业在一定程度上会破坏当地的原生态环境，同时很有可能造成资源的破坏和浪费，而且有时候付出的代价会是巨大的，朱万春（2018）将可持续发展理论与旅游行业融合之后得出旅游可持续发展理论。地球上虽然有丰富的自然资源，但是同时自然资源也具有稀缺性，自然资源假如遭到破坏的后果是非常严重的，因为需要漫长的时间来进行修复，代价非常之大。因此，越来越多的国家在发展过程中认识到了可持续发展的重要性。

（二）生态经济学理论

生态经济学作为一门新兴学科，在 19 世纪 50 年代才引起人们的重视，美国经济学家肯尼斯·鲍尔丁对生态经济学的概念进行定义并对其范畴进行设定。生态经济学是生态学和经济学结合之后出现的一种新的科学理论，主要是研究经济活动与自然环境和生态发展之间的复杂关系，根据城市和农村的不同发展特点制定相应的发展规划和发展措施。加夫里尔（Gavril）认为应深入挖掘当地历史文化等传统人文资源，但是在发展的过程中不能对环境造成破坏，要保护和修复历史古迹。巴尔考斯卡斯（Barkauskas）以墨西哥的乡村旅游发展为例研究生态保护对乡村旅游发展的影响，他认为在开发过程中一定要做好环境保护工作，否则乡村旅游很难有长远发展。生态经济主要有时间性、空间性、效率性三个特性，时间性是指在某个时间段资源整合具有连续性，空间性是指在空间维度上资源合理利用具有持久性，效率性是指对资源的有效利用程度。生态经济学理论的出现及应用，降低了技术进步和资源配置所产生的环境成本风险，能够为农村生态环境保护和修复提供帮助，在保护好生态环境不被破坏的大前提下，对资源进行开发和利用，让利益实现最大化。

（三）消费者需求理论

消费者需求理论对于乡村旅游的管理和发展具有重要的指导意义。消费者需求一是指消费者用一部分金钱来满足自己的某种实际需求，二是指消费者有能力和有意愿完成该种需求，前者是由消费者所需产品的价格（P_1）和可替换产品的价格（P_2）决定，后者是根据消费者实际收入（I）和消费心理（E）决定的，所以该公式可以表达为：$Q=f(P_1、P_2、I、E)$。在经济社会不断发展的背景下，通过研究消费者日渐提高的旅游消费需求，可以有效地把握市场发展动向，掌握发展主动权，按照市场需求开展相关工作，不断推出能满足消费者需求的特色产品，从而在市场上持续保持竞争优势。

（四）旅游经济学理论

旅游经济学理论作为经济学理论的重要组成部分，主要研究旅游活动和旅游发展规律。旅游经济学涉及的内容较多，发展历程、管理体制、经济地位、发展规划等内容均包含其中。供需关系是旅游经济学的基础和核心，供给和需求的关系既是对立的也是统一的。旅游资源的整体开发情况、景点所制定的宣传措施、公共基础设施的完备情况等多种因素共同决定了旅游地的发展情况。在发展过程中要保证供给和需求能达到动态平衡状态，供大于求和供给不足都会影响旅游地的持续健康发展。我们可以通过研究旅游地供需关系的变化来发现旅游地经济发展环境的变化，并及时为当地乡村旅游发展提出意见建议，从而保证乡村旅游业健康快速发展。

（五）游客满意度理论

随着人们经济和生活水平的不断提高，外出旅游的人越来越多，出行是否满意成了游客对旅游地评价的重要标准。近几年国内外学者对游客满意度的内涵进行了细致研究，指出期望值和实际感受的差异很大程度上决定了满意度，而实际感受主要来源于游客对旅游地自然景观、历史文化、基础设施、交通条件等的感受和认知，实际感受高于或者等于期望值时，游客对旅游地的满意程度普遍较高，对旅游地的评价也会给出相应结果；如果旅游地不能满足游客的实际需要，达不到游客游玩之前的期望值，那游客对旅游地的满意程度就会很大程度降低。旅游是人们生活的重要部分，也是一种重要的休闲方式，游客满意度能最直接地反映游客的体验效果，从游客满意度出发，来研究乡村旅游发展所面临的问题和困难，对于解决现实问题、促进快速发展有较强指导作用。

二、乡村旅游发展影响因素的识别

（一）影响因素识别思路

目前，国内外对乡村旅游发展影响因素的研究已取得了一些成果，但仍存在许多不足，如乡村旅游发展的影响因素识别缺乏权威指导、影响因素名称界定不统一、影响因素分析面全面性不足等。针对上述研究现状，将通过不同方面对内、外部和中间因素与乡村旅游发展间关系的表述，分析其中可能存在的影响因素，并根据五项影响因素识别原则，结合以往相关研究成果，识别出影响因素并建立题库。最后，根据重要性原则并结合调查问卷所得数据的分析，来确定乡村旅游发展关键影响因素。

（二）影响因素识别原则

1. 科学性原则

因素内容必须明确，且具有一定的科学内涵，是能够经得起科学实践反复证实的客观实际。乡村旅游发展影响因素的识别是为了让管理部门、经营者和研究学者等相关人员能够更加深入和科学地观察、评判和处理乡村旅游发展过程中出现的问题，因此评判因素必须具有科学性才能有效并合理地指导和帮助相关人员从事相关工作。

2. 统一性原则

各学者所识别出的影响因素内容若非常接近和相似，则应当对这些因素进行描述口径的统一化。虽然目前已有较多学者识别出乡村旅游发展的很多影响因素，但是由于缺乏有效的规则指导和规范性约束，导致了很多被识别出的影响因素缺乏统一的名称，造成"一意多称"的现象频出。因此，在识别出影响因素的同时必须对内容指代相近的因素名称进行统一化以及整合因素所指代的内容。

3. 高频性原则

识别出的各影响因素在众多影响因素中无论是在重要性程度上还是被众多学者和专家的认可度上必须具有较高水平。因此，在识别影响因素时必须考虑到影响因素的代表性的强弱，即影响因素在相关学者的研究中出现的频次高低。

4. 全面性原则

乡村旅游发展影响因素作为一个整体，要比较全面地反映乡村旅游的发展特征，并能够全面真实地反映乡村旅游可持续发展能力的各个侧面的基本特征。因此，为使所识别的影响因素更加全面完整且具有代表性，在识别影响因素时应当结合前人的研究对重要影响因素进行补充并对重要性较弱的因素给予排除。

5. 发展性原则

因素内容要具有建设性和重要性，既能够反映乡村旅游发展的现实状况与问题，也能够反映出乡村旅游未来发展即将面对的问题与遇到的影响。为此，在选取影响因素时必须从长远发展角度出发，结合海内外学者的研究成果与相关专家的意见，识别并创建影响乡村旅游可持续发展的因素。

（三）影响因素分析

目前，在乡村旅游发展影响因素分类分析中，部分专家学者将中间因素视为乡村内部因素来研究分析，但从旅游驱动力系统来看，距离和人文差异等因素均是独立于客源地和旅游地的中间因素，若将中间因素纳入内部因素范畴势必会致使分析影响因素时忽视中间因素的独立性，继而忽视部分具有中间性质的影响因素。

此外，还有部分学者以旅游地范围内因素作为乡村旅游发展影响因素识别对象，这必然会导致旅游地外部因素的缺失进而导致影响因素分析带有片面性。为避免上述问题，将从外部、内部和中间因素三个角度对乡村旅游发展所涉及的不同方面进行分析，以更全面的角度对可能存在的影响因素进行分析与识别。

1．外部因素

外部因素是指旅游地外部影响乡村旅游发展的因素。旅游者、投资和人才是学者分析乡村旅游外部影响因素的几个主要方面。此外，还有学者从市场环境、政策环境、经济环境和生态环境等方面对旅游地外部影响因素进行了分析。

（1）旅游者方面

旅游者是乡村旅游行为的主体，也是对乡村旅游发展产生直接作用的利益相关者，即旅游者在体验乡村旅游资源的同时会支出时间和资金等成本，而这些成本就是乡村旅游发展的重要基础。其中，旅游者在旅游地停留时间的长短将影响其是否选择就地留宿和就餐等消费行为；旅游者的消费水平则将影响旅游产品的销售情况以及相关服务设施的使用情况等。

（2）投资方面

旅游地外部投资是乡村旅游基础建设和发展资金的重要依托之一，投资规模将会影响乡村旅游业发展的规模和相关服务设施水平等方面，而外部投资意愿的强烈与否也将很大程度地影响投资规模，且会影响当地政府政策制定和管理，从而影响乡村旅游发展。

（3）人才方面

专业的管理人才是乡村旅游业软实力的重要体现，是企业资源或政府资源能够有效整合利用的关键。旅游地外部的人才数量以及投身于乡村旅游业意愿强度将会一定程度地影响乡村旅游地专业人才规模、乡村旅游企业经营、政府

管理水平以及行业活力，进而影响乡村旅游的发展。

（4）市场环境方面

市场环境是复杂的，影响乡村旅游发展的因素也是多方面的，如客源地居民乡村游接受度和流行度将会影响市场规模的大小，而随着旅游市场形成，部分媒体或旅游中介等利益相关者可能会涉足乡村旅游行业，从而拉动旅游市场走向规模化，并推动乡村旅游发展。

（5）政策环境方面

国家宏观政策或城市相关政策法律法规会影响到居民节假日的出行时间、出行方式以及旅游方式，而乡村旅游地可能会因客源地政策环境变化而直接感受到旅游市场的"冷热反应"。如2013年国内普遍施行的黄金周高速免通行费政策便引起了城镇居民出游的热潮，部分乡村旅游地因此出现"人山人海"的景象。

（6）经济环境方面

客源地经济环境的好坏直接影响居民的平均收入水平和消费能力，而居民收入的差异又可能会致使居民采取不同的旅游形式或设定不同的旅游消费预期，从而影响乡村旅游市场的经济规模。同时，随着中国城市化进程的深入，客源地经济、社会文化环境出现的变化以及由此导致的居民旅游心理变化均会影响到乡村旅游发展。

（7）生态环境方面

生态环境相关因素被纳入外部因素考量范畴是基于社会经济可持续发展和以人为本的角度。近年来城市环境不断恶化破坏了居民健康生活环境，而低水平的生态环境加速了居民"逃离城市生活，走进田园生活"的心理需求，促使居民乡村游行为的产生和乡村游市场的形成，加快了清新绿色和贴近自然环境的乡村旅游的发展。

2. 内部因素

内部因素是指旅游目的地范围内涉及的各种因素，根据以往研究成果，有关乡村内部影响因素的分析与识别较为全面深入。其中，资源、设施、企业管理、经济氛围、经营氛围和政府管理，是学者分析乡村旅游发展内部影响因素的几个主要方面。

（1）资源方面

旅游资源是乡村旅游发展的根基，是旅游者进行乡村旅游的根本需求。旅游资源的丰富程度以及品质高低将直接影响旅游者的旅游体验满意度以及对乡村旅游的印象。此外，乡村性是乡村旅游资源的重要特性，但随着乡村旅游资源的开发，"商业化以及城市化味道"的渗入，乡村旅游资源以及所开发的产品可能会失去原有的乡村性，从而影响乡村旅游资源自身的吸引力。

（2）设施方面

基础设施是保障乡村旅游活动顺利开展的最重要条件，其完善程度将影响旅游地服务功能、承载力和整体形象。而旅游服务设施是保障旅游者衣食住行的最重要条件，其完善程度和现代化程度将可能影响旅游者的旅游规模和旅游体验。虽较少有学者单独针对设施方面的因素进行研究，但此类因素出现频率却相对较高，这说明设施方面的影响因素已是公认且不容忽视的乡村旅游发展影响因素。

（3）企业管理方面

参与乡村旅游企业经营管理的主体具有多样性，且文化水平与思想意识也因个体的不同而显现差异性。文化水平与思想意识是企业经营者管理水平的重要影响因素，而经营者管理水平是影响企业资源开发和利用效果以及企业良好经营状况的重要因素，也是乡村旅游业创新力和竞争力的关键。

（4）经济氛围方面

随着我国"三农"政策不断推行与落实，乡村社会经济的活力将会得到进一步解放，而农村经济结构的变化、城镇化建设的开展也势必会影响乡村旅游业发展。同时，随着乡村居民收入的提高以及旅游地市场化程度的提高，其思想意识会产生变化，而这种市场经济观念以及乡村居民收入的变化不仅是经营乡村旅游企业的基础，也是乡村旅游企业本土化经营的基础。

（5）经营氛围方面

良好的经营氛围是乡村旅游行业保持活力的基础。而当地居民与外来者参与乡村旅游企业经营的程度和热度是经营氛围活跃与否的重要保障。其中，当地居民参与经营是保持旅游资源及产品本土化和乡村性、保障乡村旅游可持续发展的重要条件，外来者参与经营是促进旅游资源及产品开发和营销、加快乡村旅游发展的重要力量。

（6）政府管理方面

旅游地政府是推动乡村旅游经济发展的重要力量，其通过政策调控、产业激励以及财政支出等管理手段所起作用具有不可替代性和决定性。管理部门通过制定相关政策法规以及实施社会治安管理，可以改善乡村旅游业经营秩序、引进专业管理人才、促进企业经营者管理水平的提高、维护企业和居民基本利益与保护当地自然生态环境等，与政府管理相关影响因素是促进乡村旅游可持续发展的重要推手。

3. 中间因素

旅游是人口流动的一种形式，乡村旅游者从客源地到旅游目的地的空间流动会受到两地间空间距离、文化差异等独立于旅游目的地内部因素和外部因素的中间因素的影响。影响乡村旅游发展的中间因素主要体现在如下几个方面。

（1）两地空间地貌和文化差异

人文与地理因素长久以来都是促使旅游动机产生的重要因素，也是旅游地可持续发展的重要前提。乡村旅游地与旅游客源地人文地理环境的不同，能够增强旅游者乡村旅游意愿，满足旅游者对新事物的求知欲等，促使其乡村旅游行为产生，进而影响乡村旅游的发展。

（2）空间距离和可达性

空间距离与旅游地可达性通常是旅游者在时间、经济和精力等成本方面的重要考量，游客量一般会随着客源地与旅游地间距离的增加以及可达性难度的增加而减少，因此距离和可达性是影响乡村旅游发展的重要中间因素。

第二节　乡村振兴视域下的乡村旅游发展现状
——以淄博市为例

一、淄博市乡村旅游发展现状

（一）淄博市旅游业发展概况

1. 淄博市概况

淄博，简称"淄"，位于山东省的中部，占地面积约 0.6 万平方公里。淄博市地处黄河三角洲高效生态经济区、山东半岛蓝色经济区与山东省会经济圈的交汇处，是一座具有悠久历史的城市，历史文化资源丰富多样，经济发展水平较高，2018 年，淄博市常住人口约 500 万人。

淄博是山东省重要的交通枢纽城市，淄博市域主要有济青高速铁路、晋豫鲁铁路网横贯东西，辛泰铁路、张博铁路网纵贯南北。205 国道、309 国道，青银、青兰、滨莱和长深高速在淄博交汇，北通天津、北京，南通上海。正在规划和建设的济潍高速、济青高速等高速路段为淄博市的交通运输提供了更大的便利。根据《山东省综合交通网中长期发展规划（2018—2035 年）》的相关规划，淄博将成为汇集济青高铁、胶济客专、淄东城际、滨莱高铁、张博铁路多条客运线路的米字型枢纽站，淄博境内将有淄博站、淄博北站、淄博西站、淄博机场站等 7 个客运火车站。淄博虽然现在还没有建成使用的飞机场，但淄博机场已纳入《全国民用机场布局规划》和《中国民用航空发展"十三五"规划》，高青通用机场已列入淄博市重大项目名单并入选山东省通用机场建设规划重点工程，是山东省到 2030 年规划建设的 30 个民用航空机场之一，而且淄博距离济南遥墙国际机场距离不到 80 公里，开车两小时即可到达，而且在市区设有鲁中候机楼、陶瓷城候机楼，临淄、淄川、周村也分别设有候机楼，其他区县的候机楼也正在规划和建设中，极大地方便了外地游客来淄博旅游。机场、铁路、高速公路的全面建设对于提升淄博交通运输整体水平有至关重要的作用，也为淄博市发展乡村旅游提供了强有力的保障。截至 2020 年，淄博市各个区县已经基本覆盖了 hello 单车、mobile 单车等多种品牌共享自行车以及新型共享电动车和共享汽车，为人们的出行提供了极大的便利，同时也对环境起到一定保护作用。

2. 淄博市旅游业整体情况

淄博市 2014 年全年共接待国内外旅游总人数 4166.2 万人次，到 2018 年接待国内外游客总人数达到了 5879.47 万人次，增长率超过了 29%；2014 年实现旅游总收入为 395.4 亿元，2018 年实现旅游消费总额 693.69 亿元，增长率更是超过了 75%。2017 年城乡居民旅游消费 26.85 亿元，城乡居民人均出游次数 4.26 次，2018 年城乡居民出游前后旅游消费 28.34 亿元，城乡居民人均出游次数 4.6 次。

2014—2018 年，淄博市旅游增人数一直是以较快速度增加的，2018 年较 2014 年整体增长幅度超过了 40%，但是每年的增长速度又不是全部一致的，2015—2016 年较 2014 年增速稍有所回落，但是均超过了 8%，2017 年和 2018 年更是超过了 9%。

2014—2018 年，淄博市旅游总收入是逐年增加的，但是旅游总收入的增长幅度并不与旅游人数的增长幅度完全对应，差距主要在于不同时期人们的不同消费水平。

近五年来，旅游业已经成为拉动淄博市经济发展的重要部分，占 GDP 的比例也呈逐年增长态势，旅游业在第三产业中的占比总体也是上升的，从 2014 年的 24.2% 增加到 2018 年 30.39%。

（二）淄博市发展乡村旅游的主要举措和成果

近年来，乡村旅游发展成为促进旅游业发展的重要部分，淄博市政府非常重视乡村旅游的发展情况，淄博市政府出台了《关于促进文化旅游产业融合发展的若干政策》，依托资源丰富、交通便利和文化底蕴深厚等优势，大力推广"以旅强农、以农促旅、农旅结合、城乡互动、优势互补"的乡村旅游发展理念，通过积极打造乡村旅游品牌、投入专项资金和强化培训等多项切实有效的措施，促进了淄博市乡村旅游的快速发展。

1. 重视科学规划，实现连片发展

淄博市各级政府部门在发展乡村旅游过程中重视整体规划和工作指导，形成了自上而下步调一致的工作机制，在一定程度上避免了单打独斗、各自为战带来的发展问题。根据前期工作部署，全力打造了博山池上片区、淄川太河片区等十个乡村旅游片区，将片区建成资源丰富、功能完善、拥有核心吸引力与综合竞争力的乡村旅游集群片区。十大旅游片区的迅速发展不仅快速推进乡村旅游的发展，也极大地拉动了配套产业的发展，吸引了众多企业来落户，提供直接就业岗位 5 万多个，间接提供的工作岗位累计超过 15 万个，十大片区的收入已经超过全市乡村旅游总收入的一半，这也进一步验证了成片发展的做法是符合淄博乡村旅游发展规律的。十个片区的成功建设，起到了以片带面的示范效果，也为淄博市后续发展乡村旅游规划提供了很好的借鉴。

2. 树立典型，引导全面发展

为了进一步规范化、标准化发展乡村旅游业，提升整体形象，打造乡村旅游品牌，淄博市旅发委提出"典型引路、亮点培育"口号，制定一系列有力措施，打造了一批具有显著地方特色的乡村旅游示范点。市旅发委遴选淄川区东庄村、博山区聂家峪村、沂源县阳三峪村等 25 个重点旅游特色村，按照"一村一品"的原则，对每个村庄的资源特色、文化民俗进行逐一考察，结合村落自身特点进行改造升级，统一制作介绍标识牌，目前 25 个村的乡村旅游标识导视系统已经全部安装完毕。2018 年，淄博市旅发委组织继续开展全市乡村旅游点提档升级工作，积极引导推荐乡村旅游点提档升级，周村区千禧农谷、淄川区马鞍山景区等 6 家乡村旅游点被评为国家 AAA 级景区，沂源县中华大果园等 5 家乡村旅游点被评为 AA 级景区，乡村旅游发展典型层出不穷，进一步提高了淄博

市乡村旅游的整体形象。

3. 财政支持，促进文旅融合

淄博市政府大力支持乡村旅游的发展和建设工作，积极克服财政困难，每年拿出一定资金作为文旅融合发展的引导资金，专项支持文旅融合项目建设，对成功创建的省级旅游强乡镇、特色村等分别给予50万元和10万元的奖励，带动了当地居民发展乡村旅游的积极性。2016年以来累计投入资金9000多万元，策划实施项目141个，通过财政资金有效投入，动用社会资本超过10亿元投入乡村旅游中，形成了一批核心拉动型乡村旅游发展项目，有效发挥了财政资金"四两拨千斤"作用。同时，积极向上级争取旅游专项资金1910万元，申请项目共覆盖22个旅游村，为他们发展乡村旅游业提供了根本保障，帮助当地农民通过发展乡村旅游实现了小康生活。为了吸引更多的投资，淄博市旅发委还联合市有关金融单位举办旅游项目推介和融资服务对接会，推动与13个乡村旅游项目达成合作意向，投资总额超过48亿元，其中现场签约金额达7030万元，为当地乡村旅游的发展提供了财政支持。

4. 投入专项资金，助力精准扶贫

为尽快实现贫困人口尽快脱贫这一宏伟目标，近年来，市政府根据淄博市发展现状，将发展乡村旅游工作与精准扶贫工作进行衔接，利用扶贫资金发展乡村旅游，通过发展乡村旅游来推进精准脱贫工作，起到了相互促进、共同发展的作用。开展旅游企业和贫困村结对帮扶活动，2017年共对上争取旅游资金210万元，重点支持淄川区杨家庄村和博山区上小峰村旅游扶贫开发和博山区南沙井村、沂源县阳三峪村的精品民宿与农家乐建设。另外配合扶贫部门争取旅游扶贫专项基金1000万，其中500万元用于重点支持周村区山头村、沂源县崔家庄村等5个贫困村开展扶贫工作，探索形成了"乡村旅游＋资产收益分红"的旅游扶贫新模式，实现了通过发展乡村旅游带领贫困户脱贫致富，群众致富又反过来促进乡村旅游发展的良性互促互动；500万元用于贫困镇打造精品旅游小镇，临淄区金山镇、桓台县起凤镇、沂源县南鲁山镇等乡镇在专项资金的帮助下，按照产业支撑、业态丰富、功能齐全的要求，高标准建设精品旅游小镇，促进了当地乡村旅游的快速发展，对经济拉动作用明显，为实现精准脱贫提供了保障。

5. 强化教育培训，提高综合素质

为了尽快提高旅游从业人员综合素质，淄博市在全市范围内开展"千人培

训"工程，2016—2018 年连续三年分别投入 120 万元、170 万元、166 万元进行旅游业人员培训，而乡村旅游从业人员作为培训重点对象，参与培训的人员占比最高。2017 年 6 月，淄博市旅发委分别在沂源神农药谷、博山中郝峪村、高青蓑衣樊村等地针对全市乡村旅游从业人员进行轮流培训，根据参训人员需要制定专门培训课程，从乡村旅游餐饮服务标准、礼仪到旅游产品开发、消费者行为等多方面进行全面培训，对提高从业人员整体素质起到了很大作用。2018 年上半年，组织乡村旅游致富带头人 90 余人到济南、泰安等乡村旅游发达地区学习乡村旅游先进经验，提高他们的眼界和素质，为帮助乡村旅游提档升级、促进农民增收夯实基础。2018 年年底，淄博市旅发委在山东大学威海分校举办淄博乡村旅游提档升级专题培训班，采用专家课堂教学与实地现场教学的方式，针对淄博学员特点开设课程，学习内容丰富、针对性强、含金量高，提高学员边学习边思考的能力，将专家讲授的理念、经验、措施进行融会贯通，更好地运用到工作当中，为乡村旅游发展作出更多贡献。

在乡村旅游发展过程中，淄博市制定的上述措施为乡村旅游业的发展奠定了良好的基础，也极大地促进了乡村旅游的快速发展，在后续的发展过程中，淄博市政府和相关部门应继续推广优秀做法，确保工作落到实处，取得实效，做到有策略、有规划、有落实、有成果，从而推动淄博市乡村旅游健康、快速发展。

（三）淄博市乡村旅游发展模式和主要景点

1. 淄博市乡村旅游主要发展模式

（1）景区带动模式

充分利用景区的影响力和吸引力，带动周围村镇相关产业的发展，比如将景区的餐饮功能和住宿功能承包给当地居民或者企业，由他们来负责该项工作，这样一方面可以解决农村人口就业问题，促进农民增收；另一方面可以降低景区的综合运营成本，加快资金流动。如玉黛湖乡村生态观光园、潭溪山、齐山等景区就属于该种模式。

（2）交通带动模式

位于交通枢纽位置的乡村在发展旅游方面是具有得天独厚优势的，便利的交通为旅游业的发展提供了非常有利的条件，不仅可以让游客进出自如，也有利于相关配套产业的引进，从而实现旅游业发展新模式的快速发展。如如月湖景区、傅山度假村等属于该种模式。

（3）"公司＋农户"模式

"公司＋农户"模式是在具有特色的乡村旅游村的基础上将一个特色村落包装成为一个旅游产品，实现资源变资产、资产变股份、村民变股民的转变。这一过程需要旅游公司进行资金的投入，需要乡村深入挖掘特色产品，比如特色美食和传统手工艺制品等，博山幽幽谷旅游开发有限公司和山东上峰旅游开发有限公司属于该模式的典型代表。

（4）综合开发模式

综合开发模式是指由政府、企业、村委会、村民等多个开发主体共同参与的形式，比如政府部门负责进行整体规划，指导村落开展乡村旅游并在政策方面和财政方面给予部分支持；在实施过程中有专业公司负责运营，组建专业运营团队，提高工作效率和服务水平；借助村两委和村民的力量，引导更多村民参与到旅游建设工作当中，大芦湖文化旅游有限公司是该模式的典型代表。

2．淄博市乡村旅游主要景点概况

近年来，在淄博市政府高度重视和大力支持下，在各相关乡村旅游景点和企业的共同努力下，淄博市已经打造出来一批具有地方鲜明特色和彰显浓厚历史文化的乡村旅游项目。截至 2018 年，淄博全市共有 81 个旅游景点获得国家级及省级农业旅游示范点称号、有 28 个乡镇获得省级旅游强乡镇荣誉称号、有 79 个村获得省级旅游特色村称号、共有 178 家农家乐被评为星级农家乐（其中，五星级农家乐 11 家，四星级农家乐 70 家，三星级农家乐 90 家），全市共有各类精品采摘园 49 个，投入使用的开心农场有 33 家。在我国文化和旅游部公布的首批中国乡村旅游"千千万万"品牌名单中，淄博市有四个旅游特色村获得"中国乡村旅游模范村"称号，有两户被评为"中国乡村旅游模范户"，有 40 家农家乐获得"中国乡村旅游金牌农家乐"称号，这些景点的成功创建，推动了乡村旅游的高质量发展，丰富了人们的出游选择。

以淄博市博山区为例，近年来，博山经济形势比较严峻，区政府创新工作办法，充分利用博山区现有的丰富旅游资源，实施乡村旅游振兴乡村经济计划，加快乡村旅游发展速度，截至目前有源泉镇、池上镇等 8 个旅游强乡镇，有天东村、朱家南村等 11 个旅游特色村，有博山区望日小院、望月小院、望山小院等 6 个五星级好客农家乐，有临溪小院、龙凤小院等 19 个四星级好客农家乐，有花林美食园、博山区休闲山庄等 8 个三星级好客农家乐，有淄博天东农业发展有限公司、淄博博山方正苗木专业合作社等两家开心农场，有源泉镇现代农业采摘观光园、博山镇五仙胜境生态园等 11 个省级农业旅游示范点。博山区通过不断发展乡村旅游，初步形成了多产业融合发展的产业体系，有效地缓解了经济增长动力不足问题，拉动了农村经济的发展，提高了农村人口的生活水平，实现了经济效益、生态效益和社会效益的同步提升。

3. 淄博市乡村旅游发展的主要资源

淄博市的乡村旅游资源主要集中在南部山区和北部平原区。南部自然生态旅游主要以鲁山为中心，从行政区划上来看，主要包括博山区、沂源县全部以及鲁山向北、东绵延的淄川区东南部。南部山区包括原山、峨庄、鲁山三个国家级森林公园，山、林、水、泉、洞融为一体，其中有着绵延数十里的沂源溶洞和开元溶洞等溶洞群，泉清洞奇，清幽茂密，令人流连忘返。行政区划上来说，北部平原区主要包括桓台和高青两县，有充满水乡韵味的马踏湖、大芦湖等景区，优美的黄河下游风光，真可谓是"北国江南"。而乡村旅游近年来更是异军突起，梦泉、峨庄、泉乡虹鳟鱼及泉乡源头、杏花村、中庄等地，以乡村观光、农家餐饮、林果采摘为内容，发展迅速。近年来，从旅游总体人数上看，来到农村旅游市场的人数大约有三百万人次，乡村旅游占到总旅游人数的70%。

（1）南部山区旅游发展的主要资源状况

根据2003年5月1日实施的《旅游资源分类、调查与评价》（GB/T 18972—2003）中对旅游资源的分类方法，淄博市南部山区包括了标准中的八个大类旅游资源，其数量与品位都较高。在空间组合上，有中山、低山、丘陵、盆地、山间平原五种自然地理单元和城镇乡村等各种地域。在类型组合上，有山、石、溶洞；河、溪、泉水；林、花、草木；日、月云、雾；古建筑、古遗迹、园林；寺庙、道观、神殿、祠堂；石刻、名人、名吃、名联、陶瓷、琉璃等多种要素构成的丰富多彩的景观系列。尤其在山林生态、溶洞景观、山水景观方面颇具竞争力。例如地文景观中的鲁山，主峰海拔1108米，为山东省第四大高峰。在各种地质作用下，鲁山山势突兀挺拔，形成众多的险峰峭壁，主峰天云峰高耸入云奇险无比，而且鲁山还是绝佳的避暑胜地，被誉为"温良鲁山"。淄博市南部山区属于暖温带大陆性湿润气候，春夏秋冬四季分明，光、热、水资源丰富。该地区海拔适中，降水丰富，小气候较佳，加之多年林场营林和抚育，森林及草本植被生长茂密，种属较多，其中以人工松树、刺槐林、栎林为主，三类总面积为3431公顷，另有果林40公顷，竹林2公顷，林木总覆盖率为86%以上，草本盖度也多在0.6以上，地域分布比较均匀。植被环境优越，为鸟兽及昆虫繁衍创造了条件，根据淄博市森林保护站调查，该区域内共有鸟类14目38科166种，野生兽类5目10科15种；昆虫15目116科561

种。最重要的一点是，该区域周围无工矿企业和大型城镇分布，自然环境尚未被污染。此外，该区域生态农业资源也很丰富，绿色蔬菜、野菜、果品、水产品、果园、菜园、农田一应俱全，而当地独特的鲁中山区石屋建筑，以及纯朴的民风民俗，构成了十分典型的"鲁中山村风情景观"。经过多年的发展，该区域已经形成了以山岳、溶洞、湖泊、文化、宗教等多种形式的旅游产品。综上所述，整个淄博市南部山区空气清新，气候凉爽，水质清洁，负氧离子含量较高，生态农业特色明显，非常有利于开展城郊乡村休闲度假旅游，是淄博市的一块风水宝地。

（2）北部湖河区旅游发展的主要资源状况

淄博市北部湖河区主要是指淄博北部的平原地区，从行政区划上来说，包括桓台、高青两县。该区域的风光优美，景色秀丽，鸟飞鱼跃，垂柳蔽日，港汊纵横。芦苇荡和荷花池有一望无垠的荷叶凌波，波光莹莹，居民生活在湖区以舟带步，有着独特的"北国江南"风韵。方圆96平方公里的马踏湖周围风景秀丽，碧水蓝天，河道纵横，周围名胜古迹众多，物产丰富，这里的许多名吃也是历代朝廷的贡品。其中的大芦湖总体规划面积73.5平方公里，是以水景为特色，以河、湖原始风貌为特征，融合历史人文景观，人们在这里可以进行游览观光、避暑疗养，还可以进行科学考察等活动；坐落在桓台县新城镇的渔洋纪念馆具有典型的明代建筑风格，明万历十六年（1588年）建立了馆址忠勤祠，整组的建筑属于砖木结构，馆内有石刻园和7个展室。另外还有建于明万历四十七年的四世宫保坊，这是国内仅存的砖牌坊，融汇古代建筑、书法、雕刻艺术为一体，具有相当高的文物价值。该区域独特的水乡景色和深厚的人文景观为开发休闲、度假和乡村旅游奠定了良好的基础。

（四）淄博市初具规模的乡村旅游产品的现状

1. 休闲度假产品发展状况

淄博市的休闲度假旅游产品主要集中在南部山区，其中中心山地鲁山，主峰观云峰海拔1108.3米，总面积42平方公里，已经开发建设出"云海日出、四雄争秀、月上听涛、夏日鸟会、万石迷宫"等景点，并建设了相配套的休闲度假设施，已成为鲁中一处著名的旅游胜地。位于博山城区西南部原山国家森林公园，总规划面积有1702公顷，是国家林业局在1992年批准建立的。其中包括凤凰山、禹王山、望鲁山、薛家顶和夹谷台五大景区。原山集团在近些年来也相继建成包括民俗风情动物园、森林公园、滑雪、滑草、漂流鸟语林、恐

龙谷原山旅游宾馆等二十余处景点和相关配套设施。现已被批准为国家 AAAA 级旅游区。南部山区的淄川区依托其山水旅游资源和古村民俗资源，大打绿色品牌，大力发展集休闲、度假、观光旅游于一体的乡村生态游。现已开发建设了潭溪山、齐山、云明山、梦泉、峨庄瀑布群等景区，古村民俗游主要开发蒲家庄古村落，突出其地方特色和文化价值。其中由潭溪山旅游公司投资 3 亿元建设 AAAA 潭溪山景区，上端士古村落等，集山水观光、休闲、度假、会议、住宿、拓展训练为一体的综合景区。由齐山旅游公司投资 1.5 个亿建设的齐山景区更加注重民俗文化、齐文化、乡村土貌为主的乡村旅游。淄博环能工程公司投资 1400 万兴建的梦泉景区，集休闲、度假、游览、观光为一体，整个景区现已建成了梦泉山庄休闲区、孟姜女文化区、齐长城游览区、福寿文化区、寻古探幽区、农家乐民俗风情区、原生态自由采摘区和梦泉拓展训练区八大旅游区。这些景区的建设和发展收到了良好的经济效益和社会效益，带动了当地经济的发展，对转移农村劳动力、增加农民增收渠道、改善农民生活条件、乡村面貌起到了积极的推动作用，为山区脱贫致富找到了切实有效的途径。

2. 生态观光旅游产品发展状况

淄博市的生态观光旅游产品主要是两部分组成。一部分是北部平原区的河湖旅游，另一部分是南部山区的溶洞和山岳旅游。其中北部的马踏湖景区位于桓台县的北部，全湖东西 12 公里，南北 8 公里，方圆 96 平方公里。1995 年被山东省政府列为省级风景名胜区。湖区风景优美、气候宜人，名胜古迹众多，是天然的旅游胜地，素有北国江南之美称。湖内碧水滢滢、河道纵横、交织成网，芦苇荡、荷花塘一望无垠。乘船湖中游，杨柳参天、蒲苇夹道、曲径通幽。每年到此浏览观光的中外游客达 50 万人次。樵岭前景区位于淄博南部的博山区由樵岭前村投资 40 万元于 1984 年开发，景区主要是由朝阳洞，王母池和淋漓湖三个自然景区组成，内部飞流叠瀑，峰峦叠翠，素有"天然公园"之称。开元溶洞位于博山区源泉镇东高村，洞长达 744.9 米，1993 年被开发，1998 年 4 月正式对外开放。该洞因发现有开元年间石刻与遗迹而得名。洞内有石笋、钟乳石、鹅管等溶洞景观，酷暑时节动中清凉。开元溶洞被誉为"山东第一溶洞"。而沂源县的部分溶洞中发现的古人类遗迹，时代为中更新世，距今 40 万～60 万年，被专家命名为"沂源猿人"，化石数量仅次于北京猿人化石点，填补了山东省古人类穴居研究类型及国内猿人地理分布空白，具有极高的文化、文物研究价值。

3. 农家乐产品发展状况

"农家乐"以其自然和民俗特色对城市居民具有较强的吸引力。淄博市的农家乐旅游主要集中在东南部山区。其中淄川区的洪山、龙泉、双杨等地已初步发展起以餐饮为主的"农家乐"旅游项目；2007 年以梦泉景区农家乐旅游为龙头，在景区周边的双井、杨家等村，积极发动当地农民利用自家农房，按标准进行改造，转产发展旅游业。以太河镇、峨庄片为中心的农家乐近年来发展非常迅速，它们在山东省旅游局"双改工程"的带动下，加大改造力度，适应新形势需求，目前已发展农家乐上百家，形成年接待 100 多万人的规模。让游客真正体会了"住农家屋、吃农家饭，干农家活"的乐趣。目前，淄川区已出台了实施峨庄片区农家发展的"五统一"：统一道路标识，统一餐具、统一寝具、统一风格、统一管理。全面提高农家乐档次和水平。投资 200 万元在峨庄建设淄川区乡村旅游游客服务中心。沂源的燕崖乡以"住农家院、吃农家饭、品农家情、购农家物、干农家活"为主要内容大力发展农家乐旅游，并制定了《燕崖乡促进旅游业发展扶持奖励办法（试行）》，加大了对旅游业发展的财政扶持力度。在保持杏花村"农家乐"原有 100 户的数量基础上，计划在双泉、西郑、红岭子、西郑等村新发展"农家乐"20 户以上。此外，精心组织燕崖乡樱花节，年均接待游客 2 万余人次，实现旅游收入 100 余万元，收到了较好的经济和社会效益。博山区的中郝村全村发展农家乐已经成为全省乡村旅游的示范单位，其主要是由村委会统一协调管理，村民共同参与。在此基础之上，淄博市各区县加快对乡村旅游的规划、编制和实施，不断将乡村旅游推广发展到一个新的水平。

（五）淄博市乡村旅游典型案例分析

1. 博山区中郝峪村

中郝峪村位于淄博市博山区池上镇，全村共 113 户，364 人，全村总面积 2600 亩，可用耕地面积仅有 110 亩，平均每人仅有 0.3 亩，林果面积 600 亩。中郝峪村从 2003 年开始发展以农家乐为主的乡村旅游，通过发展摸索经验，从 2005 年开始组织全体村民入股成立旅游公司，对全村所有经营项目统一标准，进行统一管理和运营。2018 年公司销售收入突破 3000 万元，中郝峪村村民年人均收入也从原来的不足 2000 元到 39 000 元。

中郝峪村在发展乡村旅游的过程中，积极向先进地区学习经验，并根据自身发展状况因地制宜地制定了"村民入股＋公司化管理＋村民经营"的发展模式，积极推进集体资产股份制改革，通过开展清产核资、确定农村集体经济组织成员身份、规范股份设置和股权管理等方式明晰产权关系。全村村民入股成立淄博博山幽幽谷旅游开发有限公司，村民全部变为股东，这样就在很大程度上调动了村民参与发展旅游业的积极性。为增强实施效果和加快建设速度，通过认真分析中郝峪村的现有资源和分布情况，并聘请团队进行整体规划，制定了《中郝峪村庄发展规划》，从环境整修、历史遗迹、道路硬化、餐饮民宿、服务管理等多方面进行了详细的规划和设计，在不破坏环境和实现可持续发展的前提下，对现有资源进行整合利用和升级改造。

为整体提高村容村貌，中郝峪村进行统一的规划和治理，对街道和路面进行全面的硬化，通过铺设柏油马路、水泥路、五彩砖和鹅卵石等方式，做到街道规划整齐划一，实现"路路通"；投入专项资金进行道路指示牌和特色景点告知牌，并统一安装路灯等设施，为更好地方便游客停车，建造了一个超过5000平方米的大型地上停车场，可同时容纳数百辆车辆同时停放，彻底解决了停车难这一问题。为了增强吸引力，深入挖掘历史传说和传统手工艺品和特色美食为旅游特色，并最大程度地保留和修复古树、旧宅等村庄原始风貌，不大搞形象工程。全面开展植树造林种花种草，截止到2016年植被覆盖了已经超过了80%，对流经村里的小河小溪进行保护和清理，修建彩虹桥、连岸桥等水利设施，营造小桥流水人家的感觉，让整个村子成为一个天然氧吧，吸引了大批城市游客。

为树立更好的整体形象，中郝峪村召集全村会议进行投票表决，通过了《中郝峪村村规民约》，要求每位村民将村规民约牢记心间，严格按照规定来规范自己的行为，实现了村规民约制度化和村民行为的自觉化。在乡村旅游发展过程中，中郝峪村逐步开发了五种档次的特色农家乐103户，可同时容纳600人住宿、1200人就餐，对于住宿和就餐中郝峪村有严格的管理制度，严格把握食品卫生完全、住宿安全等关口，并公开定价，决不允许漫天要价和宰客情况的出现。为增加游客游玩趣味，连续开发了乡村美食课堂、王者荣耀、后羿归来、寒冰射手、乡村记忆体验博物馆、农耕文化活态长廊等20余项乡村体验项目。为确保产品质量，中郝峪村有专门团队对所有旅游商品、特色农产品进行统一设计、统一包装，为确保在竞争中一直处于优势地位，每年聘请专人对销售情况进行大数据分析，及时掌握相关情况，对优品进行生产加工，并通过线上线下同时销售的方式，延伸了中郝峪村的乡村旅游产业链，全村的第一、二、三产业紧密结合，大大提高了中郝峪村的综合收入，让全村老百姓真真正正地富了起来。

2. 淄川区牛记庵景区

牛记庵村位于淄川区昆仑镇，距离镇中心 13 公里，房屋依山而建，错落有致，在全面推进乡村振兴过程中，牛记庵村致力于打造江北第一民宿村，经过多年的努力建设，取得了令人瞩目的成绩。牛记庵景区被评为国家 3A 级景区，荣获省级古村落保护单位、省农业旅游示范点、省乡村文明家园示范点等荣誉称号。

（1）加大投入力度，强化整体建设水平

牛记庵从 2013 年开始建设至今，计划投资 1.5 亿元，现已完成投资 6000 万元，积极实施牛记庵养生度假村项目，修复保护旧村居 37 个院落，铺设道路 20 公里，游客接待中心、生态餐厅现已建成投入使用，牛记庵、神牛泉、王家奇宅、泄洪潭、牛心石等景点已向游客全面开放；为提高绿化面积，累计进行荒山绿化 500 余亩，共种植各种果树 2000 余株，种植观赏树木 3000 余株。在古村落修复和传统村落保护建设中，根据旧院落的破损程度，尽可能恢复到原来的模样，尽全力将古具保留齐全，使古宅故居尽量保持本真风貌，让游客能真正体验到山区的民风民俗生活。

（2）突出历史文化特色，打造经典体验民宿

在民宿设计上，牛记庵村依山就势，最大程度地进行保护性开发建设，融合古村落历史文化，突出负氧离子高、适合养生的慢生活特色，确保牛记庵民宿小院中每个角落都精心设计，用心打磨，打造真正舒适的居住环境。在设计时注意动静结合，民宿中设计有厨房并配备相应工具，可以体验烧火做饭的乐趣，同时，院子里可以进行推磨，游客可以亲自动手体验村民生活。在建设过程中，结合传说故事、古迹遗存等内容，将历史文化巧妙地展现出来，打造出最具文化特色的王家奇宅和孙家大院等文化主题民宿。为进一步丰富民宿旅游内涵，进行跑马场、动物园、休闲广场的建设，全面提升民宿服务接待水平；为进一步提升民宿发展水平，邀请上海巴澳公司设计，投资 2000 万元打造的"百鸟山舍"高端民宿，现已建设完成 8 套院子，游泳池、水吧、酒吧等配套休闲设施逐步完善，最大程度彰显生态和谐的主题特色和设计灵魂。

（3）强化市场营销，积极拓展经营空间

有效依托于互联网进行宣传，主要有携程、途家、Airbnb、美团、携程等 APP，此外还用一些更有针对性的自媒体进行宣传，通过微博、微信、抖音等网络平台，充分发挥微博大 V 和网红的宣传效应，加大网络宣传力度，扩大与

潜在客户之间的网络沟通交流，让更多的人知道牛记庵、选择牛记庵。增加情感服务、个性化服务，注重体验和交流，强力推出 VIP 亲情服务、会员优惠活动等活动项目，力争满足消费者多层次需求。积极与山东省电视台、淄博市电视台等主流媒体合作，在动车、城市广场等媒介进行广告投放，增强宣传效果。通过参加全市赴省内各地市推介活动以及"千家旅行社进淄博"活动等，前后共计吸引来自青岛、烟台、济南、滨州等十余个地区 400 余家旅行社赴牛记庵考察，成功助力民宿品牌推介和品牌对外影响力。

（4）强化内部管理，提升运营服务水平

对景区内部管理进行市场化、专业化运营，先后制定数十项规章制度，用制度来管人管事；积极推行岗位竞聘制度，引进十余名专业人才，让专业的人干专业的事，坚决不搞裙带关系、不任人唯亲，确保景区能够和谐有序发展。此外积极推行目标考核责任机制，实现全员参与，风险共担。为了与时俱进，开展智慧化、科技化管理，组织专人编制高水平智慧景区建设规划，从智慧景区运营系统建设、创意营销体系建设、资本运作三个方向全面提升景区和民宿管理，实现管理向智能化方向发展。

二、淄博市乡村旅游发展存在的问题

经过近几年的不断努力，淄博市乡村旅游取得了长足进步，打造了一批具有一定代表性的品牌，乡村旅游产品体系和多业融合发展的产业体系也初步形成，不仅取得了经济效益和社会效益双赢，还在一定程度上加强了对生态环境的保护，有力提升了农村群众获得感、幸福感。但是通过实地调研和游客满意度调查等方式，发现淄博市在发展乡村旅游过程中依然存在诸多问题，乡村旅游景点缺乏吸引力，特色不明显；基础设施不够完善，行业管理不够规范；专业人才匮乏，服务管理水平不高；资金支持缺乏连续性，发展疲软等问题都将制约淄博市乡村旅游的进一步发展。

（一）政策难以落实，发展后劲不足

为了解决乡村旅游在发展过程中存在的问题，淄博市已经在土地、税收、融资等方面给予了一定的扶持政策，但是政策体系建设还不够健全完善，政策落实方面存在较大困难。

一是旅游资金投入不够充足。淄博市旅游行业龙头企业相对较少、企业规模相对较小，以社会资本自主投入为主，普遍存在投资规模小、后续投入不足

问题，而且还未形成一套具有科学规范的引导、鼓励社会资本投入旅游业发展的政策体系，由于资金问题，许多旅游项目发展后劲不足。

二是土地等要素制约明显。如齐长城文化旅游创意园项目，投资商长城影视集团进驻淄博后，着力大手笔投资规划运作，高起点定位开发，项目建成后也将成为全市文化名城建设的重要载体项目。但在实际推进中，受土地、规划、环保等因素的制约，项目进展离投资方要求还有一定的差距；博山区五老峪村通过招商引资引进企业进行乡村旅游开发，用地指标不够，不能在景点建设特色餐厅和大型娱乐城，更多的是开展植树造林等基础性工作，制约了景区的进一步发展，打击了企业投资乡村旅游的积极性，泰溪文创园等也存在类似问题。同时，一些旅游特色村和特色农家乐在建设过程中本身就存在一定的违建问题，没有用地指标就已经开工建设，私自改变了土地使用性质，尤其是今年以来，淄博市政府大力开展拆除违建工作，部分乡村旅游景区受到了很大冲击，位于文昌湖区的上坡地景区受影响严重，附近山上的园林式饭店基本全部拆除，和大棚相关的餐饮和娱乐设施均全部拆除，对景区的进一步发展造成了非常大的影响。

三是没有按照预期设立专门的发展基金会，缺乏相应的抵押和担保政策，融资渠道单一，融资困难问题逐年凸显，而开发初期乡村旅游的规划、发展期间基础设施的完善、景区的管理维护、深度开发，都需要大量的资金来维持，如何筹集资金，成为制约乡村旅游发展面临的重要难题。

（二）专业人才匮乏，服务管理水平不高

景区服务中心的服务水平直接影响到游客对景区的旅游感知，据调查显示，管理与服务项目得分仅为2.77分，在所有评价指标中得分是比较低的，44.9%的游客认为服务中心的水平让他们不够满意，该项的得分仅为2.665分，而服务人员服务态度得分为2.78分，分值也不算很高，而且有游客反映，服务人员在游客较多的时候会出现不耐烦和急躁现象，而服务人员的表现会影响游客的心情和对景区的评价。淄博市政府虽然投入资金对部分景区带头人进行综合培训，也取得了一定效果，但乡村旅游景区从业人员绝大多数为乡村居民，现代经营理念和服务意识不强，专业旅游人才十分缺乏，整体素质不高，服务水平参差不齐，人员素质亟待提高。

同时，由于旅游产业发展涉及领域广，专业性强，旅游职能部门受编制等因素制约，很难引进更多的专业性人才对各地区的乡村旅游景点进行更好的指导，专业人才不足的短板越来越明显。

以博山区为例，作为乡村旅游发展比较好的区县，除了中郝峪村拥有年轻的 28 人管理团队外，许多乡村旅游点基本都是依靠村两委成员和普通企业职工自行管理，管理水平得不到保障，景区规划、管理、市场营销等专业人才匮乏，人才培养、引进机制不完善，沂源的中流泉村、黑崖村、西山村，淄川的藏梓村、泉头村、韩庄村等特色旅游村均不同程度的存在该类问题，人才缺乏也是在淄博市各个乡村旅游景区存在的普遍现象。同时，有 41.7% 的调查对象表示监督投诉渠道依然不够健全，存在反馈投诉渠道不畅通问题，对于游客的诉求不能及时解决，因为游客通常在乡村旅游景所停留的时间不会太长，游客走了之后，很多纠纷问题基本就没有着落了，但是会严重影响游客对景区整体评价，游客对景区有不好印象就很难向别人推荐该景区。

（三）乡村旅游景观特色不突出，开发层次浅

旅游资源是很多游客选择景点的重要标准，而自然风光和文化特色又在旅游资源项中占据核心位置，淄博市虽然有比较丰富的自然资源，但是根据游客满意度调查结果可以看出，51.2% 的调查对象对自然风光的满意度是不高的，这就说明了在乡村旅游开发过程中存在一定问题，经过深入调查发现相当一部分乡村旅游景点存在开发层次不深的问题，部分村落和景点只是在简单地进行花草的堆砌，诸如周村区李家疃村、临淄区坡子村等旅游村依然存在产品形式比较单一问题，给了游客很多同质化的感受，让游客对自然风光产生审美疲劳，这也就很难吸引更多的游客前来游玩。其次是文化特色，文化会在很大程度增强景区的竞争力，70.4% 的游客对文化特色的满意度在一般以上，说明淄博市乡村旅游在挖掘历史文化方面还是取得一定成效的，但是依然有 29.6% 的游客认为文化特色挖掘不够，主要原因为在对旅游资源开发过程中，没有将自然景观与文化遗产紧密联系起来，对当地风土人情研究不够深入，忽视了对富有农耕文化、乡土文化、乡村民俗等文化内涵特色产品的深度开发。

同时在文化特色建设投入不足，特色产品不具有特色性，产品知名度不高，有影响力的、能代表淄博特色的乡村品牌打造不及时，不能很好地满足旅游市场日趋多层次、多样化和高文化品位的需求。以周村古商城为例，经过近 20 年的旅游开发，虽然在淄博市已经有比较高的知名度，但是一直没有争创 5A 景区成功，在全省乃至全国的知名度都不是很高，较丽江和宋城等地还有较大差距，这也是淄博在发展高端旅游方面需要不断向别处借鉴的地方。

（四）基础设施相对薄弱，配套设施不够完善

交通情况是影响游客选择乡村旅游景区的重要因素，但在调查过程中发现，虽然交通项在一级综合评价得分为 3.194 分，但是仍然有 57.7％的游客认为交通的便利程度在一般及以下，有相当一部分游客表示表示从淄博市区到沂源和高青等地的交通很不方便，这表明在交通供给方面还有很大的改善空间。原生态的景区环境、舒适的休息中心、清洁卫生的厕所都直接影响到游客的游玩体验，虽然近几年淄博市政府投入专项资金进行基础设施的建设，但沂源、博山、高青以及淄川等地区的乡村旅游景点多位于山区，交通设施比较落后，基本没有直达景区的公交车和旅游巴士，这也在一定程度导致很多人自驾出行，但大部分景区又存在停车位紧张和收费不规范等问题，这引起了游客的反感，也很难满足游客日益增长的各项需求，在一定程度上限制了乡村旅游产业的发展。

因此，在后续发展中应进一步加大对交通方面的投入力度，修建更多高质量的公路，便捷各区县之间的沟通交流，同时也要景区根据景区客流量修建配套数量的停车场，并进一步规范停车场收费贵问题。休息室设置方面，很多乡村景区为了降低成本，没有配备专门的休息室，在一定程度上影响了游客的游玩进程，这个需要在后续管理中进行规范。

在用餐方面，有 19.9％的调查对象认为景区内餐饮没有特色，同质化现象比较严重，比如沂源县的泰源山庄、龙门山庄、明湖山庄虽然都是星级农家乐，但是不能深入挖掘出当地传统特色美食，在很大程度上降低了对游客的吸引力；还有 27.1％的游客认为景区餐饮性价比比较低，而且在一定程度上还存在定价混乱和欺骗消费者问题，这也是很多游客自带食物的主要原因，对拉动景区额外收益产生不利影响。

在住宿方面，26.5％的游客对景区民宿的安全性持怀疑态度，部分旅游特色村所自建的景区旅馆的基础设施不够完善，连四季热水都不能保障，卫生条件不达标。根据调查发现，相当一部分游客出行都是全家出动，他们表示去乡村旅游是为了让孩子更好的体验生活，更好地融入大自然中，也表示想体验民宿，但是考虑到乡村景区的很多民宿都是在农村住房的基础上改造的，存在一定的安全隐患和不规范问题，导致很多游客不愿意留宿，不敢留宿，这也会进一步导致游客在景区内游玩时间和消费都减少。此外，部分景区存在安全保卫人员较少、消防器材配备不足等问题，而这些方面是大城市游客和国外游客关注的重点。

（五）娱乐项目不够丰富，特色品牌打造不足

随着乡村旅游的不断发展，游客不仅对自然风光和人文资源要求更高了，也更热衷于参加乡村旅游的体验项目。体验项目的参与性和性价比是衡量景区体验项目的重要指标。根据调查数据显示，娱乐项目的得分为 2.956 分，是略低于满意度评价得分的，其中 47.2% 的游客对娱乐项目种类表示不太满意，49.4% 的游客认为娱乐项目性价比不高。据走访调查，位于文昌湖地区的上坡地家庭农场主打采摘和农产品加工，和位于同一地区的淄博都市生态博览园等景点功能重复，不少游客表示在上坡地体验过此类项目后，就不想重复体验了。沂源的双马山景区有滑草、骑马和水上玻璃栈道等项目，水上玻璃栈道是该景点的特色项目，很多游客因此项目慕名而来，可以看出差异化的体验活动项目对游客的吸引力十分巨大，与此同时不少游客反映滑草项目价格过高，这可能也是体验项目性价比得分比较低的原因。

在特色品牌建设方面，没有将齐文化节、沂源牛郎织女节等节庆活动做成重点品牌，也没有开发出类似于"丽江千古情""宋城千古情"的大型文娱节目，齐长城文化旅游创意园等在淄博具有较高知名度，但外地游客较少，从而造成客源地狭小，无法为景区长期发展形成正向影响。同时，部分乡村旅游企业急于求成，没有制订详细的计划，对体验项目的构思和设计不足，形式还比较单一，比如博山和沂源的体验项目均以采摘为主，大批量的采摘园没有经过规划就投入到市场，同质化竞争问题比较严重。

（六）普遍缺乏规划和策划，配套体制不健全

淄博市目前还没有全市的乡村旅游规划，区县也只有两个规划的论证工作还没有具体实施。虽然前期有的乡村旅游项目做了单体发展规划的许多乡村旅游开发项目虽作了单体发展规划，但由于缺乏总体规划的指导，一定程度上存在着一哄而上、低层次等问题。在旅游景区的分布上由于存在着分布较广，景点之间缺乏有机联系，共生性低，加上没有进行统一的规划，对于游客的吸引力较低。

另外，发展乡村旅游兴盛的大多数是位于城市周边的一些地区，有很多具有丰富文化内涵，极具特色的丰富乡村旅游资源因为远离市区，位置偏远，配套设施落后，缺少政府政策支持等原因，经营者不愿意投入大的资金，积极性很低，使得知名度小，客源稀少，也不利于这些地区乡村旅游的发展。当前许多地方的乡村旅游大多处于自发性阶段，政府投入的人力财力等缺乏，相关配

套设施不健全，缺乏规范的政策性指导，没有形成旅游服务的一条龙产业体系。

（七）经营管理水平较低，服务水平有待提升

在淄博市乡村旅游发展的过程中，从事旅游业的人员整体上受教育程度不高，相关专业技能不专业，没有形成现代旅游服务的意识，尤其是缺乏高素质的专业的旅游管理人才。还有就是在发展乡村旅游过程中主要是粗放型的经营管理模式，管理水平低下，主要表现在以下几个方面：一是相关配套设施比较落后，在农村发展乡村旅游中最为基本的问题是交通和食宿卫生条件。虽然许多地方围绕这些问题进行改善，然而总的来说和旅游需求要求相差较大。比如有的住宿条件较差，虽然能够突出农家的特色，但是缺少必要的设备电器，游客感到很不方便。还有一些地方没有规划好停车场，有的面积很小甚至有的地方没有，这都给游人带来了极大的不便。在很多地方，由于乡村旅游发展的跟风现象，处于粗放的阶段，前期准备工作不足，专业的管理人员缺乏，大部分管理人员都是由当地的村干部或者农民。旅游活动中的从业人员没有经过系统的培训和考核，旅游服务素养低下，服务程序相对混乱，造成了乡村旅游的不规范，不系统，不合理，使得乡村旅游的初衷得不到实现，制约了乡村旅游在淄博市的发展，这些都是在乡村旅游发展过程中出现的矛盾问题。

（八）乡村旅游发展规模小，相关集团化企业少

目前，淄博市的乡村旅游基本上处于一种自发开发的状态，大部分都是靠农户单干。农村由于长期以来处于欠开发、欠发达状态，在人员素质、市场信息、资金实力等方面都有欠缺，在这种条件下形成的旅游产品在品相、档次、管理、机制、市场营销和发展后劲上都有先天不足，难以获得良好的经济效益和实现产业化发展。如在乡村旅游的发展方面，过分依赖农业资源，缺乏文化内涵，地域文化特色不突出。许多乡村旅游只在原有生产基础上稍加改动和表层开发就挂牌营业，仅能形成"观光旅游"一种产品，难以让游客感受和体验乡村旅游地形象，发展后劲不足。此外，由于相关配套体制和相关政策的欠缺，淄博市的乡村旅游大多以家庭、个体经营为主，规模小、经营分散，还存在着经营投资规模小，产业化程度低，配套设施不完善，现代旅游服务意识不强以及地区分布和组织形式零散等问题。近年来，虽然出现了像博山区的中郝峪村、淄川区的梦泉村，还有几个企业公司开发建设的乡村旅游项目，但目前整体上全市还是处在乡村旅游规模小，缺乏龙头品牌和集团化企业，这都成为淄博市乡村旅游发展的限制阻碍因素。

（九）重视产品的开发建设，轻视产品的宣传促销

所谓"好酒也怕巷子深"，再具有吸引力的旅游景点，若不能拿出大量资金进行宣传，也会严重影响旅游资源深度发展工作的开展。目前，淄博市的乡村旅游发展迅速，随着一批乡村旅游产品的开发，也使广大的村民尝到了实实在在的甜头，大家的积极性很高；就全市的发展状况而言，目前乡村旅游是"大规模扩张，低水平重复，重项目建设，宣传促销力度不够"。许多乡村旅游单位客源以"回头客"为主，没有进行广泛的大范围的宣传促销。原因在于这些农村旅游区存在着管理体制的问题，没有建立全方面、多方位的宣传渠道，无法吸引到更多的顾客。许多具有鲜明旅游特色的乡村旅游资源也因为宣传措施不到位而导致该地区的旅游知名度低，从而在很大程度上限制了乡村旅游的发展，竞争力不强，不能有效地打开客源市场。可以说，宣传促销成了制约淄博市乡村旅游发展的一大瓶颈之一。

第三节　乡村振兴视域下乡村旅游发展的战略
——以淄博市为例

乡村旅游的迅速发展，有效激活了农村闲置资源，已成为农村发展、农民致富的重要渠道，在乡村振兴、旅游扶贫、全域旅游等方面发挥了重要作用。淄博市在发展乡村旅游过程中也总结出了切实可行的做法，为今后的发展提供了一定借鉴，但也存在着诸多问题，在今后的发展过程中，淄博市应该用发展的眼光看待乡村旅游发展问题，不断整合现有资源并提高资源利用率，树立良好的品牌形象，不断加大资金投入力度，丰富扶持政策，促进淄博市乡村旅游向更高层次发展。

一、国内外乡村旅游发展的经验借鉴

（一）国外乡村旅游的发展主要经验

1. 立足政策层面推动乡村旅游的发展

与解决农村问题相结合，有效推进农村的全面健康持续发展。英国在这方面为我们提供了较为成熟的经验。2001 年英国将原来农业、渔业及食品部（MAFF）改为环境、食品和农村事务部（DEFRA）并增加了"环境"与"农村事务"。英国环保人士巴彻勒说过：旅游业是英国最大的产业。另外，英国政府积极改

善农村的基础设施建设，每年投入约 5 亿英镑。通过采取这些富有竞争性灵活性的环境政策有利于解决日渐凸显的农业和农民问题，农村贫困问题，农村环境以及农村社区人口的基本生活保障等问题。目前为止，在英国从事农村休闲农作和生态旅游的已经超过 15 亿人次。

2．保护乡村自然人文环境上突显原真性

在芬兰，乡村旅游倍受人们喜爱，类似这种旅游的地方多达上百处。芬兰农场备受欢迎的一大原因就是力图强调和保持当地乡村自然人文环境的原真性。人们能够欣赏到原汁原味的乡村自然景色，体验到原生态的乡村生活，客人可以在这里品尝到原生态的农产品。在一些旅游发达的国家，例如法国，日本，他们都十分重视复原和整修原有的遗址，尽量使传统的、旧式的、古董的、原貌的民俗景点或博物馆成为乡土式的综合博物馆，并在此基础上进行乡村旅游的规划和开发。对于城市人群来说乡村旅游不仅是换了一种地方，更是体现了一种不同的生活方式和价值。

3．多样化和自主化乡村旅游发展方向成为主流

乡村旅游的发展已经逐渐得到普及，伴随着各个方面的不断发展，游客对于有关乡村旅游开始提出新的要求，例如乡村旅游品种的多样性、内容的丰富性以及体验的差异性等，这些都成为促进乡村旅游发展的动力。还有很多游客在熟悉以前许多常规和固定的旅游项目之后，开始提出新的旅游要求，并且有的自主开辟新的旅游地，这些都体现出乡村旅游的内容项目应朝着扩大化、深入化的方向发展。乡村旅游具有选择的多样性，来自发达国家的旅游者在开展乡村旅游时更愿意选择和利用乡村资源和环境，倾向于选择开展自娱自乐的活动，例如徒步旅行，自驾车等出行自助方式。

4．乡村旅游客源开始向跨区域及国际化方向转变

乡村旅游发展的初步阶段，客源大部分是周边城市的居民。随着乡村旅游的不断发展和全球化进程的加快，乡村旅游的国际化步伐也在不断加快。一些出名的乡村旅游的也吸引了众多国内远程的游客和外国游客，乡村旅游地的不断发展不仅加强了宣传促销，也开始注重品牌的建设，这些都对乡村旅游经济的发展起到了重要的作用。

（二）国内发达地区乡村旅游发展的主要经验

与国外的乡村旅游相比，在我国最受欢迎的乡村旅游项目是民俗风情旅游，其主旨是"住农家屋、吃农家饭、干农家活、享农家乐"，参与率和回游率都

是比较高的。还包括庆祝民间传统的节日的乡村节庆旅游和以收获各种农产品为主要内容的务农采摘旅游等几个方面。在我国乡村旅游主要是在以农业观光和休闲农业开发为主的基础上，向观光、休闲、娱乐、参与、康体、考察、度假、学习等为一体化的综合型方向发展。

根据中国社会科学院的调查归纳我国目前的乡村旅游主要有五种模式：一是城市近郊的"农家乐"；二是经济发达的农业新村和城镇化的新村；三是有关农村古村落的开发；四是农业的绝景和胜景，如云南的元阳梯田桂林的龙胜梯田和等；五是高科技农业观光园。近些年来，乡村旅游发展已经成为国内旅游的一大亮点，乡村旅游也发展非常迅速，消费群体也在逐步扩大。伴随着乡村旅游发展规模的扩大，转型速度的不断加快，即使在短暂的发展过程中乡村旅游也已经呈现出综合化、品牌化、多层次的发展趋势，尤其是已经出现了一批知名乡村旅游地方，他们在众多旅游区中脱颖而出。其中最具代表的城市就是以旅游立市的黄山市。黄山市提出大力发展乡村旅游业的口号，以乡村旅游作为新的经济发展突破口，实现"二次创业"，进而实现全国最美、山区最富、生态最佳的目标，开创继黄山旅游之后新的世界级品牌旅游。1998年广西桂林市历村开始发展乡村旅游。截止到2019年，当地大约有500多人从事旅游业，全村人几乎都在搞旅游，其中旅游经济收入也占到农民收入的90%以上。尤其是菩萨水岩洗泥澡项目，年纯收入达200多万元。北京的近郊乡村旅游，贵州、四川、吉林等省的乡村旅游在当地旅游总量己占据很大的比重。

总之，概括起来说，我国旅游产业做得比较好的乡村旅游主要呈现出以下几个方面的特点。

一是多元化的投资渠道畅通。随着乡村旅游市场的日益扩大，多元化的投资主体形成，既包括农民个体，合伙经营，也包括村集体投资经营，这些都打破了起始阶段乡村旅游原有的以自发组织的农户为单一主体的局面，农户单一主体已经被多元的主体所取代。

二是地方政府明显加大了主导力度。作为旅游产业全新的经济增长点和重点扶持培育对象，许多地方出台专门的扶持政策将乡村旅游加入了旅游产业发展的总体规划中去。最后就是在发展乡村旅游的过程中重视产品的规模化、品牌化、特色化。首先投入到乡村旅游中的开发者已经积累了许多的经验和财富，但是为了适应新的旅游要求和经济发展方式，面对新的竞争压力，需要他们将乡村旅游做大做强，开创更大的事业。作为进入乡村旅游的具有较强实力的新的投资者必须站在较高的起点上，采取错位竞争的策略，以在新的竞争环节中取得优势地位。

由此可知，作为农业和旅游业相融合的乡村旅游，由于在农业经济发达程度不同的地域，以及世界各国宏观经济体制的不同，乡村旅游在各个国家的成长发展模式也是各有差异的。但欧美等一些乡村旅游发展较早的一些国家其乡村旅游已经打破了国家和地域，个性化旅游和乡村度假为主的高层次旅游已成为主要的需求，此外相关的旅游产品也摆脱传统的农村观光。最初乡村旅游的发展目标从乡村旅游逐渐变成真正意义上的乡村旅游，简言之其乡村旅游已走上了国家化、规模化、原生化、个性化的道路。而我国的乡村旅游虽起步较晚，目前尚处于初级阶段，但发展的速度却很快，各地方政府的重视程度也日益加深，可以说，我国的乡村旅游发展已走上了快车道。

二、淄博乡村旅游发展的主要思路

（一）促进淄博市乡村旅游发展的主要思路

为了促进乡村旅游的健康快速发展，就需要政府制定政策规范市场，完善经营自律机制。在调查研究淄博市发展乡村旅游的不足和问题的基础上，提出要加快制定出区域性乡村旅游的发展步骤，大力推进旅游强县、旅游强乡镇、旅游特色村和各类旅游示范点建设，着力提升乡村旅游发展的水平和质量。充分发挥"三农"资源优势，以旅助农、以旅促农、农旅结合，大力推动全市旅游产业快速健康发展，推动社会主义新农村建设。各县区要根据自己的具体情况调整各地的旅游发展规划，积极依托当地区位条件、资源特色和市场需求，开展文化、历史和生态等不同主题的旅游特色村建设。在当前形势下，要积极研究市场，推出各类短线旅游产品，以适应市民小长假出行需求。

（二）促进乡村旅游发展的主要措施

1.政府加大政策及资金扶持力度

加快乡村旅游发展，关键在领导。近年来，山东省政府、淄博市政府都高度重视乡村旅游的发展，相继出台了很多有利于乡村旅游业发展的政策措施。发展乡村旅游的根本目的就是实现建设"生产发展、生活富裕、乡风文明、村容整洁、管理民主"的社会主义新农村，因此乡村旅游可以发挥其功能和作用，更好地促进社会主义新农村的建设。另外，各级政府要把发展乡村旅游作为推进社会主义新农村建设的重要支撑点，将其纳入全社会经济发展的整体布局中去。将其切实摆上重要议事日程，建立乡村旅游业发展协调机构，切实加大扶持力度，协调解决发展过程中的重大问题。

具体而言：一是重点扶持，加大投入。要建立淄博市乡村旅游发展基金，重点用于乡村旅游项目规划、道路修建及维护、景区绿化以及公共设施的进一步完善。各区县也应安排专项资金扶持乡村旅游的发展。二是全面享受各项农业减免政策和补助政策。在税费方面减免方面，乡村旅游项目可以和农产品生产销售挂钩，个别时期可以实行税收全免。三是积极提供信贷支持，鼓励金融机构为乡村旅游企业发展提供资金支持。为了满足乡村旅游中发展过程中的融资需求就要通过多种方式创新，改进金融服务形式，运用"信用村、镇、户"评定等。四是不断加大乡村旅游的智力扶持力度。为了解决乡村旅游经营管理人才匮乏等问题，可以免费对乡村旅游的从业人员进行培训活动，开展乡村旅游规划，开发，经营管理。

2. 完善乡村旅游发展的规划编制工作

2013 年开始，山东省旅游局统一做全省各区县的乡村旅游规划，淄博市的淄川区、博山区已完成规划论证工作，其他区县 2014 年也要完成规划的编制、论证工作。对淄博市的乡村旅游资源进行调整整合，科学合理地进行针对开发目标、布局、方向、开发目标、重点项目、配套设施等进行规划，实行客源互补，分工协作。做到有计划、有步骤、有重点、分阶段进行。淄川区太河镇、博山区山头镇、源泉镇，桓台县起凤镇，燕崖乡、沂源县土门镇，充分利用丰富的乡村旅游资源精心打造乡村旅游的特色产品。"突出保护主线"是进行规划的基本原则。在项目的布局、策划、设计、开发等方面。强调突出人文的原真性，保护乡村的自然性。避免照搬城市的做法，减轻对原有自然乡村的破坏。充分利用乡村原有的条件进行开展旅游活动，改造自然环境，完善接待设施。

另外，在强调与农村经济社会整体发展的和谐兼容性方面结合建设和谐乡村、平安乡村，丰富农民精神生活，与改善乡村生活生产基础设施，提高乡村旅游项目的可进入性，积极发展"两优一高"农业。最后重视乡村资源的整合和功能分工。把淄博市乡村的旅游资源特点和淄博市城市群的区位交通等基础条件结合起来。为了达到资源整合、功能互补和客源共享的目的，合理地进行产品的规划布局。

3. 重点建设旅游项目促进乡村旅游规模化发展

要实现不断增强淄博市乡村旅游核心竞争力，提高淄博市乡村旅游知名度和美誉度的目标，就需要实现乡村旅游、生态旅游规模化发展，建设精品旅游项目，这也能够不断促进淄博市乡村旅游业的蓬勃发展。

一是借鉴国内外乡村旅游开发的好经验和好做法，结合淄博市乡村旅游实际，重点打造生态观光、农业体验、综合农家乐、历史民俗体验等四大类乡村旅游项目。

二是通过相关政策性扶持和引导，提高景区的竞争力，不断扩大乡村旅游区的开发规模。为了加快淄博市乡村旅游的档次和水平，加快建立等级的步伐，就需要创建全国、省农业旅游示范点和国家 A 级景区，创建一大批全国性、全省性的乡村旅游示范点，使之成为促进淄博市乡村旅游发展的龙头骨干和示范基地。

三是通过组织相关培训，制定相关经营规范，组织分散的经营农户建立乡村旅游经营户合作性组织，共同走集约化的发展道路。就也就需要不断地提高市场化、规范化、组织化程度，不断引导乡村旅游的农户自发开展分散经营。

4. 努力提高乡村旅游服务的质量和水平

为了提高乡村旅游从业人员的生态保护意识和文化遗产保护意识，培养他们成为当地乡村旅游文化的保护者和传承者，还需要加强乡村旅游从业人员的办事积极性，通过对他们进行培训和引导，提高相关人员适应旅游工作的从业能力。为了提高淄博市乡村旅游的服务水平和经营管理水平，必须重视加大旅游专业人才的培养力度，创新用人机制，大力发展科技和教育事业，从而不断提高淄博市乡村旅游业的人力素质和人力资本存量。

5. 加强乡村旅游管理以促生态旅游的可持续发展

乡村旅游的发展前提是人们对于"返璞归真""回归自然"的渴望，生态旅游是其追求的实质，乡土味、原始味道和自然味是强调的重点。所以，政府在发展乡村旅游过程中要加强引导和管理，必须防止城市化的侵蚀，避免标准化、城市化和商业化。可以把乡村旅游过程中，将农村的乡村性和谐形式和公共设施设计相结合，例如豆栅瓜架下的餐厅、拱顶绿坡式的垃圾场和"麦秸垛"式的停车场等形式。其次就是进行有效的乡村旅游意识宣传，保护乡村文化发展的延续性。首先要使得乡村居民意识到在社会发展阶段中，农耕文化是比较低级和落后的，逐步的养成对于地方社会文化的自豪感。虽然现代人的生活质量在不断地提高，但是最终追求的目标都是人与自然和谐相处，渴望回到返璞归真、亲近自然的生活环境中。这也是城市居民钟情乡村旅游的一大原因。乡村和城市在各自的发展过程中互相影响，所以在发展乡村旅游的过程中，不仅要吸收城市旅游发展的先进理念，更是保持传统乡村文化的精华和鲜明的特色，实现健康可持续发展。

为了实现这一目标的具体措施主要有：第一是原有村居布局和传统民居和特有乡村村居文化生态的保存；第二是乡村特有的植被葱郁、水流清澈、空气清馨、多样性野生动物与人和谐相处的优越环境和乡村原有溪河湖泊沟渠、天然植被、山坡田野等自然生态环境的保存。第三是乡村具有鲜明地域特征和历史文化背景的生活习俗的保存，如饮食习惯、农业生产方式、方言、服饰、婚丧习俗、乡村民间文化活动节令习俗等的合理开发。要建设发展乡村旅游必须在正确的政策指导下引导旅游开发者做好几方面的努力。首先是基础建设必须编制科学合理的乡村旅游开发规划，这包括要保证旅游区的可进入性，特别是修好适应农村自然要求和适应乡村居民出行习惯的道路交通，安排好适合机动车、畜力车、步行等多种需要的道路，做到方便游客出入。其次是加快对农村村庄环境的整治修缮，翻新改造危房旧房，改建不合理的建筑物等；再次就是提供必要的停车场、厕所、休憩场所、民俗活动场所等；最后就是尊重充分利用文化并符合游客消费心理的乡村旅游活动，挖掘整理和编排内容丰富、形式多样的旅游活动。对于在乡村旅游出现的消极因素也需要进行不断地改变，也就是要积极地去除导致乡村环境不和谐的消极因素。首先是净化乡村环境，改善农村的卫生条件。尤其是对于一些农户饲养牲畜等带来的垃圾等进行隐蔽化的处理。这样可以为游客提供清新健康的环境。其次是为了让游客能够全身心地融入乡村环境之中，远离尘世喧嚣，就需要追求"纯粹"，去除杂质。追求祥和美好的田园风光，体会安静舒缓的乡村之美，去除掉喇叭机器等的噪声污染。在发展过程中，做好规划，充分准备好人力，资金，针对条件相对成熟的地区首先进行开发。遵循有重点、有计划的原则进行逐步发展。

6. 优化规划部署以促进产业融合

首先，应该牢固树立"先规划、后开发"和"绿水青山就是金山银山"的发展理念。坚持高标准、高层次编制淄博市乡村旅游长远发展规划，尽快完成《淄博市全域旅游发展总体规划》《淄博市文化旅游融合发展规划》，为全市的乡村旅游规划工作提供全面指导。2018年淄川区已经聘请国内外顶尖团队，对文化旅游产业及项目进行规划设计，编制完成了《淄川区乡村旅游发展总体规划》，对般阳故城、中华琉璃文创园、潭溪山、梦泉、齐山、牛记庵等20个景区进行详细的发展规划，初步形成了"全区—景区—景点"三级规划网络，实现旅游规划全覆盖，对乡村旅游的发展起到了极大的指导作用，其他区县应尽快修改和完善本区域的规划问题，加强政府对乡村旅游的指导作用。同时，要与社会发展规划、城乡规划、土地利用规划等规划同步推进，从农村实际出发，以农民利益和实际需求为依托，保持乡村本色、体现田园特色，保护好生态环境，重点突出个性化和原生态等特性。

其次，优化布局，全面部署。立足于便捷高效、性价比高等原则，围绕淄博市发展乡村旅游的点、线、面，优化配置各种资源，规划建设一批具有一定知名度的乡村旅游发展板块，策划设计一批在全国范围内都具有影响力的乡村旅游线路，比如，博山、淄川、沂源应该着重发展以林果采摘、山水体验、健康养生等为主的旅游项目；临淄、周村应该重点对悠久的历史文化进行挖掘整理，对历史古迹进行修缮，充分发挥历史文化对游客的吸引作用；桓台、高青应该进一步发挥湿地的重要作用，开展寻梦水乡、精品民宿等亲水系列项目；张店等区县突出发展文化体验、休闲观光等都市旅游项目。通过具有特色的娱乐项目、餐饮、特产，来吸引游客，展示乡村旅游风采，从而让游客流连忘返，提高了复游率，增强带动效应。

7. 坚持规范运营以提高服务水平

（1）坚持规范化运营

要做到因地制宜、综合运用，应该进一步推广"郝峪模式""梦泉模式""开心农场经营模式"等已经得到成功验证的发展模式，采取"公司制""股份制""公司＋农户""政府＋公司＋农户"、农业旅游合作社等灵活多样的运营模式，加强招商引资力度，不断引进企业资本，加快景区建设速度；加大资源整合力度，推动区域间、空间性合作。

（2）加强人才队伍建设

制订中长期培训计划，对经营管理人员和从业人员分别开展相应培训，按需教授乡村旅游基础知识、经营管理业务和服务技能知识。积极开展专业人才引进工作，尽快吸纳更多的专业人才投入到淄博市乡村旅游的开发和建设工作中，利用他们的专业知识和前瞻眼光为乡村旅游发展保驾护航。

（3）坚持智慧化服务

加快智慧旅游发展，将信息技术手段与特色旅游资源和游客需求紧密结合，开发出覆盖"食、住、行、游、购、娱"等全要素的智慧旅游系统，实施电子票务系统、旅游"一卡通"，为游客提供更加便捷和智能的服务。积极运用大数据等先进计算方法进行数据分析，更加明确游客实际需求和旅游偏好，并根据游客需要制定配套改进措施，不断增强游客的旅游满意度。

8. 强化产品推广以扩大市场营销

宣传和营销是产品销售的关键，因此淄博市政府应从政府层面投入更多的人力、物力进行宣传，提高淄博市乡村旅游景点的知名度和影响力，吸引更多的游客来参观旅游，从而拉动地方经济更好的发展。

（1）全方位吸引市场关注

组织专家团队制订专业的营销和推广计划，根据自身发展情况制定切实可行的实施方案。一是强化整体形象宣传，加强与中国旅游报、淄博电视台、大众日报、新华网等主流媒体合作力度，开设专版、专栏进行宣传，加大媒体曝光率，进一步扩大淄博乡村旅游的知名度和影响力。二是加大线上新媒体推广力度。充分利用视频营销和社交媒体营销，加强与哔哩哔哩、今日头条、抖音等自媒体的交流与合作，进一步推广淄博市乡村旅游产品。三是加强线上线下互动营销。加强与国内大型 OTA 合作，着力开展线上线下互动营销，策划大规模的专题推广活动。利用微信、微博、新闻客户端开展政企联动、线上线下联动的新型营销活动，尝试利用动漫、微视频、微直播等形式加强对淄博文化旅游精准推广，精心策划和包装主题鲜明的乡村旅游产品和节庆活动，如齐文化节、聊斋文化节、孝文化节、牛郎织女节、陶瓷博览会等，不断制造宣传热点，提高市场关注度。

（2）深层次开发旅游市场

充分运用大数据对旅游市场、发展前景等进行分析，掌握市场动向，抓准发展方向，发挥好旅游景区、旅行社以及各类旅游集散中心的主体作用，不断形成工作合力。积极探索开发自驾游、亲子游等新的细分市场，率先占领市场空间。在旅游淡季，尽量减少对资源的浪费，通过推出淡季促销策略，吸引更多游客前来，对于推广乡村旅游景区的知名度也有促进作用，同时要紧紧把握住淄博市内和附近城市的游客市场，不断扩大市场占有率。

9. 遵循景区标准以改善基础设施

第一，尽快出台《淄博市旅游公共服务设施建设规划》《淄博市旅游公共服务体系规划》等规划，根据规划要求，加强基础设施建设。各乡村旅游景区要参照国家 A 级景区标准，着力整治村容镇貌，加强景区旅游道路、步行道、供水供电、应急救援以及垃圾污水处理、安防消防等基础设施建设，加快游客中心、公共停车场、景区停车场、旅游公厕建设。围绕重点旅游区和旅游线路，进一步完善游客咨询、道路交通指示标识系统。强化污染清理工作，不断美化环境，努力提高旅游景区的可进入性与旅游活动的安全性、舒适性，高度重视景区安全问题，对紧急救援通道进行日常维护，在景区各处张贴紧急救援电话，为安全事故发生后的救援提供求救通道，守住安全底线，才能更好地推动乡村旅游实现可持续发展。

第二，进一步完善乡村公路交通建设，提高乡村旅游景区之间的交通路线等级，打通全市公交循环网络，增加景区之间的循环巴士，加强各旅游点之间的联系，实现乡村旅游交通道路及相关配套设施的升级与改造，尽快建成快捷合理的乡村旅游交通网，同时鼓励旅游者低碳出行，这也有利于缓解自驾游带来的停车问题。

第三，将加强旅游公共服务作为考核项目。将景区道路标识牌、旅游厕所、停车场、旅游咨询中心、集散中心等旅游公共服务设施列入对区县文化名城建设考核项目，采取市及区县文化和旅游部门领导挂包联系的办法，结合重点旅游项目，做好考核工作。根据工作开展情况，加强对区县的调度和指导频率，并根据调度项目进展情况，在市一级层面进行沟通交流，增强各区县的互动交流，互相借鉴，从而促进工作的开展。

10. 完善保障体系以推进标准化建设

（1）进一步制定和贯彻落实相关法规

建立健全乡村旅游法律保障体系，及时制定与乡村生态环境保护、乡村旅游市场管理、诚信经营、质量监督和依法维权等方面的制度和条例，确保在发展过程中不破坏环境，并积极营造诚实守信和放心旅游的乡村旅游环境，让游客玩得放心、玩得安心。完善相应规章制度，应该明确要求国土部门和规划部门在规划建设用地时，优先支持乡村旅游重点项目建设，并不断创新用地形式，深入发展长期租赁、租让结合等方式，尽快解决景区用地这一痛点、难点问题。

（2）保证安全生产方面

应该认真贯彻落实近期国家、省、市关于加强安全生产工作系列部署要求，以有效防范事故为主要着力点，集中时间、集中力量、聚焦重点、统筹兼顾，深入开展行业内安全生产大检查，尤其在民宿安全和景区安保方面下功夫。利用节假日、黄金周等节点联合安检等相关部门对重点景区和重点游乐项目进行全方位多角度的检查排查，各区县旅游局及相关景区根据设备运营情况进行定期检查和抽查，确保不出安全问题。

第七章　乡村振兴视域下乡土文化的传承困境与重构策略

在以农耕为主的农业文明的漫长历史进程中，乡土社会滋生孕育出源远流长、丰富多彩、气质独到的乡土文化。乡土文化记录着乡村社会发展变迁的历史脉络，是农民生产与生活的表达，是中华民族传统文化的重要组成部分和中华文化的根脉所在。然而，在这个现代化进程快速推进的深刻变革的时代，诸多现代性要素以突飞猛进之势席卷乡村，造成了传统乡土社会的剧烈变迁和乡土文化的传承困境。本章分为乡土文化的传承困境、乡土文化的重构可能、乡土文化的重构策略三部分。主要内容包括：乡土文化生存空间破裂、乡土文化传承"人脉"断裂之势、乡土文化传承"文脉"断裂之势等方面。

第一节　乡土文化的传承困境

伴随中国现代化进程的不断加速，城市化、市场化、信息化带来的工业文明、城市文化、市场思潮、大众文化等现代性要素以突飞猛进之势席卷乡村，使得乡土社会的乡土性、封闭性和保守性逐渐被打破，农民不再完全依附于土地而有了更多的生存和生活选择，乡土社会"乡、土、人"紧密联系的社会结构逐渐分崩离析。乡土文化陷入了乡土社会剧烈变迁导致生存空间坍塌、多元异质文明冲击下的"人脉"断裂之势，以及多重压力催生下的"文脉"断裂之势，呈现出由宏观至微观的传承困境。

一、乡土文化生存空间破裂

乡土文化是"土地里长出来的文化"，而且一直在土地的封锁线内徘徊。这种被土地束缚，依附于土地的格局，在社会发展和现代转型中逐渐松动。乡村和城市不只是相对的地域概念，更是相区别的文化概念，在现代化、工业化、城市化和市场化进程中，城乡的不均衡发展使得二者在经济、社会、政治、文化等方面出现差异性对立和难以逾越的鸿沟。当这种对立逐渐拉大相互冲击时，处于弱势的被动的地位的乡村剧烈变迁，并呈现出衰败之势，导致乡土文化的生存空间破裂。

（一）新中国成立初期，国家制度安排下牺牲的乡村

一方面，为保障城市工业企业获得低价农产品原料，同时让城市居民获得食品供应和充分就业，国家实行了粮食配给和户籍管制等制度安排，这样的安排使得城乡变成两个割裂开来各自独立运行的经济系统，直接形成了二元结构。另一方面，为尽快实现现代化，新中国成立后国家工业以重工业为主导，以牺牲农业为巨大代价；而后，1953—1957 年的第一个五年计划又未给农村带来多少实质性的发展机会。城乡二元体制使得农业社会走向基础瓦解和结构解体，城乡既在政治、经济上出现差异，同时在文化上撕开裂口，奠定了当代城乡在生产生活、认知观念、文化诉求等方面的诸多落差。

（二）改革开放后，市场经济浪潮下追赶的乡村

1978 年，中央宣布进行的经济改革将重点放在了农村，这一时期农业和农村自身的发展得到国家真正的初始关注。在计划经济向市场经济的过渡时期，乡村利用自身在人口、土地等方面的优势进行乡村工业和就地城镇化，取得了一定进展。但同时，市场经济环境下，城市化、工业化、信息化的快速推进，将广大村落的乡土根基慢慢拔出，并以各种现代性要素替代，农业凋敝、农业人口大量外流以及由此而生的乡村衰落似乎都在宣告着乡土社会正在分崩离析。

（三）21 世纪初，"城乡统筹"下努力归位的乡村

面临愈演愈烈的城乡二元裂痕，21 世纪初期提出的"城乡统筹"概念是国家社会、城乡到个人对于城乡发展的新共识。2005 年国家实施的社会主义新农村建设以"生产发展、生活宽裕、乡风文明、村容整洁、管理民主"为方针推进着乡村综合全面深化发展；2013 年正式在全国启动"美丽乡村"建设工作；2014 年"精准扶贫"思想落地和推开；直至 2017 年党的十九大乡村振兴战略的提出，农业农村农民问题作为关系国计民生的根本性问题，始终是党的工作的重中之重。从一个侧面来看，这也是乡村形势发展严峻的一个说明。

不容置疑，国家的战略举措对国家社会发展具有不可估量的价值。但也不

得不承认，回溯乡村的剧烈变迁历程，城市化进程与乡村变迁作为现代化这一实践过程的两面，乡村整体上是处于被动状态的，其剧烈的变迁是走向衰败的趋向。在这样的剧烈变迁中，以乡村为基础的乡土社会，其"熟人社会""礼治社会"和"伦理社会"的社会结构特征被逐渐打破，由各种现代性要素冲击、挤压、瓦解，使得乡土文化的价值功能无法发挥或被遮盖和抛弃。乡土文化作为在长期的共同生活中生成积淀，是源于乡土生活并作用生活的综合文化体系，在现代化冲击之下，赖以生存的空间剧烈变迁并趋向衰败，使得乡土文化的逐渐陷入创造主体和传承主体的"人脉"与综合文化体系解构的"文脉"断裂的态势。

二、乡土文化传承"人脉"断裂之势

在一个社会里一种文化能形成良好的秩序，就能确定该文化在该社会中的统治地位，从而建构起自身文化的权威，形成文化的内在认同感和外在竞争力。这种秩序、权威和认同总是伴随着文化自身赖以生存的自然和社会环境的变化而变化，当力量较大的外部文化强势进入并逐渐占据上风时，该文化就会面临边缘化和断裂的风险。乡土社会之上的亦是如此，伴随着乡土社会的剧烈变迁，乡土文化生存空间破裂，工业化、城市化、市场化和信息化所带来的多元异质文明进村，引发了农民的认同疏离和道德失序，继而在内在动机驱使下农民进城和乡村教育上行，导致乡土文化陷入创造主体和传承主体离土离乡的"人脉"断裂之势。

（一）城市文化冲击下农民的认同疏离

1. 城市文化强势改造下农民的认同疏离

工业化带动城市化，城市发生、发育和发展的过程，也是文化沉淀的过程。现代城市是现代文明的聚集地，城市中人口、建筑、信息和财富的高度聚集，导致精神、观念和文化上的集聚，进而共同塑造出城市灵魂之"城市文化"。城市文化，是人们在城市中创造的物质财富和精神财富的总和，既包括城市建筑、街道街景、历史遗迹、商业环境等物质形态，也包括教育、艺术、科技、现代公民意识、现代生活方式等非物质形态，是具集聚性、多元性、辐射性的多层次的复杂的体系。在当今的文化话语体系中，城市文化与乡土文化的地位是不平等的，城市文化是"文明、先进、富裕"的主流文化，而乡土文化则是被冠之以"传统、保守、落后"之名的非主流的、边缘的和待改造的文化。文化的异质性为文化的交流传播创造了必备条件，城市文化以其难以比拟的优越性在城市社会的集聚和繁荣下，不断向城市以外的乡村蔓延和扩散，通过各种形式不断向乡村传播、灌输和贩卖"独立、法治、平等、竞争、开放、契约"等独特精神和价值理念，以及新的生活方式，为农民提供了大量的可选择的生存空间和发展机会。传统乡土社会作为农民生存生活之所和精神家园已经不再被强烈认同，导致农民对乡土及其文化传统的认同疏离。

2. 大众传媒的"城市中心主义"助攻下农民的精神失落

不断革新的文化传播媒介推动着农民观念的变革，这是城市文化对乡土文化进行强势改造的主要渠道和推动因素。如今，依托电子技术、网络技术、多媒体技术等现代信息技术，大众传媒能够最大程度地超越时空的界限去汇聚和传播信息，人们在庞大的信息海洋中获得知识和信息，感受着异质文化的冲击。对于广大乡村社会的农民而言，电视和智能手机成了打发闲暇时光的娱乐工具，但在各种异彩纷呈的节目和信息里，真正反映乡村生活的优秀作品不多，农村、农民、农业成为"被遗忘的角落"。在经济利益的驱动下，大众传媒更多面向城市居民，极力展示着城市生活的先进、新潮、舒适与幸福等，散发着强烈的"城市中心主义"。大量的城市影像将城市的一切带到乡村，逐渐改变着农民的思想认识和行为，改变着农村的消费观念、婚姻观念、道德观念和价值标准等，激发了农民强烈的城市欲望和物质欲望，在乡村现实与城市渴望的强烈对比和差距之下，农民精神上"相对剥削"的不安、文化上的自卑感和焦虑感持续加强，陷入一种精神失落状态。

但要注意的是，外部因素冲击的实现需要追寻内因，封闭乡土社会空间的农民精神思想的局限性和落后性，使得这一强势冲击和改造得到快速实现。在世代居住和生活的封闭的地域环境里，人们靠农业谋生并一直传承和延续着小农经济的生产方式，不需要更多的变革。"他们似乎是在一个更缓慢、更平静、更稳妥的水平上运行……于是就发展了一些心理和道德上更平和、更消极的性格与习惯。"在思想意识上，农民有着因循守旧、安于现状、墨守成规、不思变革的封闭性与保守性，导致对新事物的本能排斥和抵抗；在行为方式上，熟人社会的"圈子意识"下，小群体合作，比如家庭、家族、乡村共同体等较为容易实现，而乡村之间的合作很难组织起来，"小群体主义"讲人缘、讲关系、讲交情、讲面子等会导致排外心理，以及理性意识、公正意识和规范意识的缺失；在文化生活上，又存在形式单一和内容"老土"落后等。所以，当更为强大的城市文化席卷而来时，他们无法压抑住内心的好奇与渴望，不去关心自身和城市文化之间的深层关系和未来，就追随城市而去了。农民作为乡土文化的传承主体对自身文化的疏离、自卑、焦虑和抛弃，导致乡土文化的社会认同逐渐丧失。

（二）市场化进程加剧农民的道德失序

1992 年，党的十四大明确提出"我国经济体制改革的目标是建立社会主义市场经济体制"。在市场经济体制下，开放多元的经济环境、文化环境、社会环境为农民提供更加宽松多元的选择。在市场经济的洗礼和磨砺中，农民逐渐摆脱贫穷、落后和愚昧，逐渐确立了竞争观念、效率观念、法治观念、契约观念等现代观念，变得更加开放、现代和自主。市场经济下的乡村社会总体上是向好的，但与社会主义市场经济相应的价值理念、道德文明等还未完全成形，加之城市文化猛烈冲击下农民的认同疏离，此时的乡村社会的道德秩序宛如"浮萍"一般丧失根基，诸多市场经济的思潮的迅速渗透加速了农民的道德失序。

市场化过程中的个人主义、功利主义、消费主义等思想迅速传播，使得农民们愈发执着地追逐个体利益和物欲的满足，而逐渐放弃了长期秉承的"伦理本位"下朴素的道德要素，"利益"取代"伦理"成为乡村社会的强势话语，使得农民原有的伦理关系和道德主张遭到严重冲击。农民的道德取向陷入更为失序混乱的局面，如传统的"人情面子"转向了利益计算、自私观念和功利心态急剧膨胀、先富者炫富比阔风气日盛、集体主义和团队观念淡薄、家庭伦理和传统孝道淡漠等，都是市场经济发展负面影响下的农民道德失序的表现。如马克思在分析了资本主义对人的精神信仰所产生的冲击时所说，它"撕下了罩在家庭关系上的温情脉脉的面纱，抹去了一切向来受人尊敬和令人敬畏的职业的神圣光环，把家庭关系变成了纯粹的金钱关系"。

在商品经济的利益驱动下，大量的低俗文化自发地开拓着乡村市场，它们只考虑感官刺激和精神享乐，而忽视道德价值和人文精神，"温水煮青蛙"般使文化贫瘠的群众从原有的道德坚守跌进低俗文化的市场陷阱，不知不觉中趣味低俗、精神空虚、道德失范、行为失控，丧失了对先进的、健康的文化价值观的认同和追求，造成农民人文素质的滑坡和人性的异变，瓦解了农民生存和尊严的文化基底。

（三）城市化进程中传承主体离土离乡

城市文明和市场思潮的冲击下的农民认同疏离和道德失序，使得生活在乡土社会的人们更多关注眼前的物质生活以及如何抓住机遇，在追寻"城市"和"利益"过程中离土离乡，主要包括城市化进程中的农民进城和"城市中心主义"

取向下的乡村教育上行两个方面。

1. 城市化进程中的农民进城

长期以来国家战略发展的"城市偏向"所造成的城乡"二元对立"结构和乡村衰败是农民进城的起点。文化认同疏离和道德失序，使得农民充满了"摆脱农民身份"的渴望与焦虑，造成了乡村主体对城市的追赶。他们期望提升经济能力、改变生活处境和阶层身份，他们抛弃农业和故土，到城市里寻找新生活的出路，通过"打工"的方式掀起农民进城的一股狂潮。

特别是对生长在乡村的年轻一代来讲，长期游走于城乡之间使得他们无法再认同乡村生活，不可能与农耕文明和乡土文化产生充分的联系。而乡村因为大量劳动力的城市移民而快速失去活力，留守老人、妇女、儿童也不得不逐渐与农业和土地逐渐脱离，进而造成农村政治、经济、文化等多种要素的空心化，形成多元要素"空心的复合体"的"空心村"。至此，乡土文化"被抽干了'血液'，甚至失去了'造血'功能"。

2. "城市中心主义"取向下的乡村教育上行

诚然，在各种资源集聚的、更为开放流动的城市社会空间，存在更多的发展可能性，城市拥有更为优越的生活方式，集中了大量的先进的文化设施、高等教育机构和研究所，传递着先进文化理念，以此吸引着各路文化精英的集聚，形成了有利于文化精英成长的城市"优化机制"。城市教育的先进与文明不容置疑，要摆脱对乡村文化和教育的"理想化"，要向城市文化和教育吸取资源。但现实处境是，乡土教育短视地、一味地直赶着城市教育而去了，整个乡村教育设计中的"城市取向"使其丧失了自身的主体性。农村教育投入的严重不足、教育资源分配不均、通过"应试教育"改变阶层的教育目的等，都反映了乡村教育取向的"城市中心主义"。在"应试教育"的重压下，学生逐级攀爬向学校教育的"金字塔尖"，这样的乡村教育思路造就了一批文化上的"不适应者"。他们想要进入城市却无法进入，同时他们又不具备在乡村中进行生产和生活的知识与心理，从而进一步加剧了乡村社会空心化，使乡村社会的建设发展以及乡土文化的传承"后继乏人"。

钱理群也谈到，这样的"上行的乡村教育是与乡村生活无关的教育，是脱离中国农村实际的教育，是基本不考虑农村建设和发展需要的教育，它在为高校和城市建设输送人才的时候，却忘了为建设社会主义新农村培养本土化人才"。从乡土文化的传承角度来看，"城市中心主义"的教育就是在不断刺激着"农村教育价值取向'城市化'，农村教育目的的'工具化'，农村教育环境条件'世俗化'，从而加剧了城乡教育失衡状态，造成农村学校的'去乡土化'、农村'文化心理场'的衰落和农村文化传承主体的'无力'"。

文化是人的文化，离开了人的记忆和认同、离开了其发挥作用的社会生活基础，文化就不能得以维持。农民作为乡土文化的创造和传承主体，在城市化、市场化和信息化等强大现代文明冲击下，其认同疏离、道德失序和离土离乡，如釜底抽薪断裂了乡土文化创造和传承的"人脉"，更是乡土文化整体性断裂的内在的、根本的因素，它深刻勾勒出乡土文化衰败的、失序的窘迫状态。

三、乡土文化传承"文脉"断裂之势

现代化、城市化和市场化进程中的乡土文化生存空间破裂，和现代文明冲击下的乡土文化"人脉"断裂之势，既是乡土文化传承困境的单独表达，也是乡土文化"文脉"传承的外部环境的宏观描述。生存空间的破裂和敞开、传承人脉的断裂，加之现代性进村、乡村建设、旅游开发等多重压力，微观上导致乡土规范文化、乡土表现文化和乡土物质文化陷入弱化、边缘化和被破坏的困境，使得乡土文化综合体系层层解构，趋于断裂之势。

（一）乡土规范文化的弱化

乡土规范文化主要包括以血缘为基础的宗族文化、乡村"依礼而治"的礼治文化和人依附于土地的安土重迁文化三个方面，乡土规范文化以文化人、以文化社会，维系着乡村秩序，构建起乡土社会的"精神家园"，但在现代冲击下，乡土规范文化逐渐弱化，难再发挥其秩序规范功能。

1. 宗族意识淡化

以血缘为纽带、以家庭为单位的宗族共同体是乡村社会结构的基础。在较封闭的乡土社会中，"一切的社会组织均以家为中心，所有的人际关系，都从家的关系出发。"在这样的生活中，种种约定成俗的戒律和原则规范不断积累、沉淀为持久性的、往往带有一定封建等级色彩的宗法家规，它维持和强化着宗族共同体的人际关系和生活秩序，支撑着一个稳定的宗族结构。伴随着中国农村改革和诸多现代性要素的冲击，人们的宗族意识逐渐淡化。一方面，国家政治体制强有力介入，以公共权威为基础的行政区域有意地打破、切割、缩小了以族居为基础的宗族区域。另一方面，城市化进程中农村剩余劳动力大规模的城市移民与返乡，个体性不断增强的他们，不断带回平等、法制、自由等思想观念冲击着家族制度的等级性基础；加之市场化进程中"利益"取代"伦理"

成为人们社会生活的强势话语，消解"血亲友谊""孝道为先""互帮互助"等传统价值内涵，由此波及的乡村人际交往也呈现出此番特征。当然，宗族意识的淡化是一个过程。

2."礼"的传统权威削弱

一方面，乡土社会是伦理本位的"熟人社会"和"礼治社会"，在乡村共同生活的方方面面，集合所有成员的意志认同的非正式制度的乡规民约规范着乡村秩序，在这里法律无从也无须产生。伴随着国家政权的基层下放、村民自治制度的不断完善，乡村法制化建设，农民的民主意识、法制意识不断增强，作为"隐形制度"的"礼"与作为"显形制度"的"法"之间的矛盾与冲突产生，这极大地破坏了乡村社会权力结构，逐渐削弱了乡规民约等传统的规范作用。

另一方面，在传统乡土社会，那些凭借知识、能力、经济等资源造福乡村，塑造出自身的影响力、凝聚力和权威的乡村文化精英，如乡贤、乡绅、长老，他们也无法再发挥调和乡村社会关系和社会冲突、文化教导、伦理指引等方面的中坚力量。

3.安土重迁思想虚化

长期以来，依托于乡村生活的农民，以乡土为根基，以乡情为纽带，形成了难以割舍的恋乡情结。他们内心有着对土地自然的深层依恋，形成了安土重迁、知足守旧等行为习惯。但在工业化冲击传统自给自足的小农经济，农民走出祖祖辈辈定居的家乡跨区域流动时，他们对乡土社会的认同疏离、与土地之间的紧密关系逐渐松散、脱离，不再依赖于、受制于土地，从而离土离乡。在现代市场的竞争主义、消费主义的驱使下，他们极力摆脱先辈传统的乡土理念和行为方式以追求更大的收益，却又发现自己与这种看似美好的新生活之间存在着一种难以逾越的隔阂或排异性。他们既没办法做到安于乡土，又无力扎根城市，这种不确定感、不安全感使得他们难以真正放弃故土，不可能完全离土离乡，导致"安土重迁"这一根深蒂固的思想处于矛盾的、虚化的状态。

（二）乡土表现文化边缘化

乡村表现文化，通过乡村语言、声调、姿势和图像色彩等展现出其生动性、感染力、娱乐性、本土性和富有生命力的独特气质，是乡土文化的活性文化，是中华传统文化的"活宝"。如川剧变脸、皮影戏、赛龙舟、秧歌舞、民乐、舞狮、年画、剪纸等，在每逢节庆或农闲时间，这些乡土文化和文艺活动丰富着人们的精神文化生活、慰藉人的心灵、维系着乡村人际关系，增添了乡村社会的生机与活力。但伴随着现代化进程，"原来的乡村文化秩序土崩瓦解，民歌、民间故事、民间曲艺等逐渐从乡村消失，代与代之间的乡村文化交流已经完全让位于对以金钱为中心的拜物教文化"。在乡村，乡土表现文化渐渐淡出乡村社会生活的视野，逐渐边缘化。乡土表现文化边缘化，与传承主体的认同疏离、道德失序和离土离乡的密切相关，从外在形式来看，主要是包括以下两方面。

1. 乡土表现文化受异质文化挤压

首先，城市文化所传播的生活方式和文化娱乐方式，抓住了农民的视线，对自身的文化传统自卑疏离的他们，转而模仿起新鲜的城市生活来。农民将更多的时间花在聚会打牌、看电视上网、外出旅游等方面，春节、元宵、端午节等传统节庆都失去了昔日的其乐融融与热闹。在继承和弘扬中华民族优秀文化、推进社会主义先进文化建设的倡导之下，各种文化遗产节、非物质文化遗产博览会、专题展，建立展示馆等将乡土表现文化多方式、多角度地展示在人们的眼前，如皮影戏、中华刺绣、昆曲、嘉善田歌、凤阳花鼓、京剧、羌年等，"却成为另一种带有猎奇性质的城市文明的一部分"。这些离开了乡土区域传播到城市社会中去的文化，在一定程度上开阔了自身的发展空间，却面临成为城市文化的补充甚至附庸、自身主体性迷失的可能。

其次，大众文化快速占领农民空虚的文化生活和精神世界。目前，我国大众文化发展存在着盲目性、低浅性、自发性和过于商品化倾向，难以避免其由美向丑、从"雅趣"到"畸趣"对农民虚空的文化生活和精神世界的侵占。特别是在大众传媒的迅速传播，乡土表现文化在人们的生活中逐渐边缘化。

2. 乡土表现文化的传承人"断层"

首先，区别于静态的乡土物质文化与观念性的乡土规范文化，乡土表现文化一旦产生便有了自己的独特样式和生命力，它是"活"的文化，它需要更为迫切的、持续的传承与创新。以非物质文化遗产为例，它包括口头传统、民俗活动和礼仪节庆、传统手工艺等，是民族个性和审美习惯的"活"的显现。而"活"的文化却有着极为脆弱的一面，因为它必须依托人本身而存在，以声音、现象和技艺为表现手段，并以口耳相传的文化链得以延续，需要在发展中生存。这导致文化传承人起着决定性作用，而文化传承人的"断层"的严峻现实，将直接危及非物质文化遗产的生存和发展。

其次，进城的农民和"空心村"的老幼妇孺，以及走向城市的年轻人难以担起传承乡土文化遗产的重任，上行的乡村教育以及城市应试教育都不利于民间艺术传人的培养。由于许多传统乡土技艺难度高、耗时多、收入低，很多老一辈民间艺人愿意倾囊相授，年轻人却因现实的生存问题而不愿意花费精力与时间去学那些不能解决吃饭问题的"无用之物"。

（三）乡土物质文化遭破坏

乡村物质文化，如乡村风光、聚落民居、寺庙祠堂等，沉淀着乡村的自然与历史、独特的人文与风格，是乡土文化最为直观的表达。但现代化、城市化和工业化的推进不断地在通过各种形式对乡土物质文化造成一定程度的破坏。

1. 村落的消失

中华文明根植于农耕文化，乡村是中华文明的基本载体。每个乡村都是集乡村历史、传统、民俗、独特自然风光于一体的文化载体，包含着深刻的文化认同和身份认同。村落的地理环境、自然环境和社会结构共同构成了人们的生产空间和生活空间，决定着人们生存和生活的主要方式，影响着聚居环境的文化特征。但伴随着社会现代化和城市化，城乡差距的拉大，使得农民认同疏离并离土离乡，当前"空心村"普遍存在产业空心化、基础设施空心化、人口空心化、居住空心化、社会服务空心化等现象。出现了大量无人居住、年久失修的闲置房屋，破坏了村庄的乡村人文气质和整体格局，导致许多承载着中华文化根脉的村落渐渐衰落乃至消亡。

此外，城镇化覆盖，以及2005年国家实施新农村建设以来由若干村庄的"撤扩并"也是重要原因，据《2016年城乡建设统计公报》数据显示，2016年中国有2.6亿农村劳动力转向城镇就业，村庄的数量从2000年的66万个行政村，减少到2016年末的52.6万个行政村。消失的村落无法重建，皮之不存，毛将焉附？

2. 政府保护意识落后与建设理性缺失

乡土物质文化作为乡土文化的外壳，蕴含着中华传统文化的深刻韵味，饱含着诸多时代价值，但却在"城市偏向"和"经济偏向"的乡村建设中被隐匿和被破坏。回顾新农村建设和美丽乡村建设实践不难发现，由于国家力量的推进，社会资本的涌入在乡村掀起一阵浪潮，但由于缺乏全面规划和统筹安排，法律政策的不配套、不落实，对乡土物质文化认识不到位，导致乡土物质文化的保护不及时、开发发生偏差，对乡土物质文化造成了严重破坏。

多地开展了轰轰烈烈的乡村撤并、新农村改造、村庄整治等活动，导致大量的宗庙祠堂、龙王庙、传统民居、牌坊等乡村物质文化遗产损毁甚至骤然消失；一些政府官员模仿华西模式和义乌经验，用雷同的乡村规划应用模式和设计，把一些依山傍水、古朴宁静的村落，重新规划建设成整齐划一的现代公寓洋房，使得传统村落格局荡然无存；有些地区意识到了乡土文化建设的重要性，却又往往从经济利益出发，倾向于修复少数有经济价值的老宅院、老建筑，而忽视乡村整体文化生态的保护。政府本应是乡土文化保护和传承的重要力量，但在农村建设中为整齐划一的建设，不惜毁损乡村自然风貌的短期化问题频频出现，牺牲了乡村的独特价值。此外，自然风光和乡土景观开发利用的功利和趋同，加之政府的保护意识落后与建设理性缺失，使乡村生态环境也遭到极大的污染和破坏。

3. 自然风光和乡土景观开发的功利性和趋同性破坏

在城市化、工业化和信息化不断发展的现代社会，人们的生活水平不断提高，生活在"钢筋水泥"包裹中的城市居民，愈发需要区别于城市文化的乡土自然风光和乡土景观等来缓解内心的浮躁和焦虑，满足对美好生活的需要。在经济利益的大力驱动下，一些个人、公司、社会组织纷纷进入乡村搞起具有高额商业回报的旅游业，开发自然景观、打造迎合市场的人文景观、开民宿、搞农家乐，一些当地的村民和村集体也纷纷效仿起来。但是，他们往往无法对整体文化资源价值进行判断，也无法对环境承载力做出准确的评估，也不可能拿捏好经济效益和社会效益的关系，功利性是其开发行为的典型特征。许多不顾地方实际、不顾长远可持续发展的短视，功利性和趋同性的开发，造成乡村风光的千村一面和不伦不类，导致乡村的本征、本色、本质逐渐消失。传统村落患上了文化"失忆症"。

综上所述，在现代化、城市化、市场化和信息化的猛烈冲击下，乡土文化由封闭走向开放、从伦理走向利益、从传统面向现代。生存空间破裂是对乡土文化传承外部环境的宏观描述、"人脉"断裂之势是对乡土文化传承主体困境的表达、"文脉"断裂之势是对乡土文化传承客体困境的阐释，三个方面共同构成了乡土文化由宏观环境到微观文化体系的整体断裂之势。那么，现代化进程中的乡土文化真的死去了吗？在探索乡村振兴战略视角下的乡土文化重构之前，必须对此问题做出客观回答。

第二节　乡土文化的重构可能

现代化冲击之下的乡土文化趋向断裂，但短时间内难以并且也不能彻底断裂，除了基于对乡土文化价值的审视，以及乡土文化与乡村振兴战略良性互动的必然要求，乡土文化重构还有回应乡土文化"断裂之势"的负面影响的急迫性，有走现代性融合之路的合理性，以及新时代背景下乡土文化发展向好的现实性，使得乡村振兴战略视角下的乡土文化重构具备了动力、方向和机遇。

一、回应"断裂之势"负面影响的重构急迫性

乡村社会整体文化的空虚，即乡土文化的"断裂之势"，将产生加重农民身份认同危机和乡村社会整合难度、消解乡村振兴的内生文化资源、削弱全球化语境下中华民族文化多样性和文化个性的负面影响。

（一）消解乡村振兴的内生文化资源

乡土文化的"断裂"，首先是乡村文化振兴的内生文化要素的消解。乡土物质文化是乡村景观建设的独特资源、乡土表现文化是乡村文化生活丰富的重要来源，乡土规范文化中的优秀成分是乡村文明建设的深沉基础。在倡导"乡风文明"的乡村文化振兴中，优秀乡土文化可以挖掘、开发和利用起来，为乡村文化振兴提供更为深层的、内在的、持续的文化样态，保持和发展适合乡村的文化气质和文化品格。在现代化进程的不断推进中，工业文明冲击农业文明导致乡土社会的剧烈变迁，乡土文化的生存空间破裂，陷入"人脉"和"文脉"断裂的传承困境，大量的优秀乡土文化被解构、边缘化和破坏，无疑是消解了乡村文化振兴的内生要素。如果乡村文化振兴，不立足于乡村实际和长远未来，忽视和抛弃自身文化传统价值、彻底颠覆自身文化传统，不立足传统推动乡土文化的保存、整合、更新和现代融合以实现文化传承，一味走模仿城市的道路，必将带来无法挽回的后果。

其次，乡土文化的"断裂之势"是乡村全面振兴的内生文化资源的消损。对乡土文化的"断裂之势"的负面影响，还需要放在乡村振兴的经济、文化、生态、社会和政治的系统中理解。乡土文化是具有文化价值、人文审美价值、秩序规范功能、饱含生态智慧和经济价值的综合文化体系，有着自身价值的生命力和可塑性，是乡村全面振兴和长远发展的内生资源。乡土文化的"断裂之势"使得其中优秀部分无法发挥出其价值功能，从而对乡村的全面振兴产生负面影响。如乡土物质文化，包括乡村聚落、乡土建筑和人文景观等的破坏使得乡村特色文化产业的发展失去物质载体；乡土表达文化，包括风俗人情、民间表演艺术等的边缘化和异化使得乡村文化产品供给内容减少；乡土规范文化，包括宗族文化、孝文化和礼治文化中的积极成分的边缘化，使得乡风文明建设失去了本

真的原汁原味的文化土壤；以及乡土文化饱含的生态智慧被遗忘；等等。乡土文化的"断裂之势"是乡村全面振兴的内生文化资源的消损。

（二）加重农民自我身份认同危机和乡村社会整合难度

自我身份认同就是定义"谁是环境中的自己"。对于"离土离乡"的绝大部分农民来说，他们"走不出"，也"留不住"。

首先，"落后、愚昧、保守、故步自封"等贬义表达与"农民"二字的紧密联系，使得融入城市过程的一开始就受到了价值偏向的阻碍。即使忽略这样的问题，在短时间内，他们也不可能改变其价值观念、生活方式和工作能力，难以打破城市体制与城市文化的认同阻碍，难以真正改变其处于社会底层的现实。特别是对新生代农民工来说，他们既不再是守土的"农民"，也无法真正成为"城市居民"，他们游走在城乡的边缘，获得的是漂泊的生存状态和主体体验，以及迷惘、焦虑、痛苦，甚至愤怒的情感体验。

其次，有很大一部分农民进了城，买了房并且长期生活在城市之中，却放弃将户口从农村迁入城市，这一"放弃"是因为土地依旧是他们的生存底线，是他们对无法决定的未来留下的退路，而非是对自己农民身份的认同、对乡土的认同。"离土离乡"的他们既不是完全意义上的农民，也非真正意义上的市民，"他们普遍存在城市归属感弱的边缘化意识，在城市里处于非城非乡、进退失据的双重边缘人的尴尬状态"。

最后，对于留守乡村的绝大部分农民来说，在城市化、市场化以及信息化等现代性要素冲击下，他们明确自己的身份却又渴望改变，从而产生自我身份认同危机。

在这样的农民自我身份认同危机下，本需要乡土文化发挥凝聚人心、"以文教化"的秩序规范功能，需要突显出经济价值和生态价值以唤起农民的文化自信心、自豪感和归属感。但陷入"断裂之势"的乡土文化势单力薄，原有的乡村共同伦理、惯例习俗、社会舆论和行为方式等即使未被完全忘记，但已然不再能发挥出协调人与人、人与社会和人与自然等各种关系的有效的秩序规范功能；社会经济快速发展下，对乡土文化资源的经济价值和生态价值的挖掘和利用如火如荼展开，却还未进入成熟稳定阶段，等等。如果农民无法肯定乡村、认同自身文化传统和农民身份，就无法树立起"主人翁"的主体性地位，就无法认真去保护、改善和建设乡村；他们要么离开自己的故乡，要么选择自我身份的抛弃，以艳羡的城市生产生活方式来盲目改造自己的家园。乡土文化的持续断裂，使得农民自我身份认同和乡村社会整合失去了内在的文化支撑，变得复杂而困难。最终，导致乡村社会难以实现价值整合、秩序稳定和力量凝聚，难以为乡村振兴带回具有精神有文化的主体力量。

（三）削弱全球化语境下中华民族文化多样性和文化个性

随着经济全球化浪潮的席卷和数字技术的冲击，世界文化多样性和民族文化多样性在遭受威胁。一方面，某些西方强国凭借经济与科技上的优势，通过无处无时不在的大众传媒，对发展中国家进行不对称的文化输出，强化其文化霸权；另一方面，在市场机制下，文化加速产业化的过程中，缺乏文化内涵和文化品位的"大众文化"成为另一种霸权文化。

在这样的激烈冲突的全球化语境中，中华民族文化要在全球文化体系中找到并站稳自己的位置，就必须处理好全球化与本土化、世界性与民族性的关系问题。正如费孝通所说，"切实做到把中国文化里面好的东西提炼出来，应用到现实中去，在和西方保持接触，进行交流的过程中，把我们文化中好的东西讲清楚，使其变成世界性的东西，首先是本土化，然后是全球化"。在全球化语境下，保持中华民族文化的多样性和文化个性至关重要。

中华民族文化的多样性，主要体现在五十六个民族文化的多样性和"千里不同风，百里不同俗"的地域文化的多样性。二者在长期的交流互动中，形成中华民族的有机文化整体，显示出鲜明的民族风格、民族风格和民族气派，及其文化个性。中华优秀传统文化是中华民族的文化根脉。在漫长农耕文明过程中形成的乡土文化，是地域文化，也是中华传统文化的重要组成部分，是民族文化的根基，是民族文化的精神基因，是中华民族区别于其他任何民族的基本文化标志之一。现代化冲击下乡土文化的"断裂之势"，在一定程度上，将削弱中华民族传统文化的多样性和文化个性，从而削弱人们对中华民族文化的归属感和认同感。一个民族不应该只有 GDP，还应该有乡土文化，需要在多元文化的交流碰撞之中，把好的东西弄明白、讲清楚和发扬出来，使其成为保持中华民族文化多样性和文化个性的重要部分，成为加深民族文化认同、文化自觉和文化自信的一股力量。

总之，乡土文化的断裂下乡村"传统渐失，现代未得"的文化真空状态，已然成为影响农村发展的大问题，需要清晰地认识到：乡村振兴不仅需要物质层面的改善，也需要重建乡村生活的尊严和价值，唤起农民对自身、对自身文化、对家园的归属和认同，以推动乡村的长远发展。从这个意义上讲，传承乡土文化是一项对乡村振兴乃至中国社会发展都举足轻重的工程，乡土文化走出"断裂之势"的传承困境有其急迫性。

二、从"断裂之势"走向"重构"的合理性

（一）乡土文化的"断裂之势"是乡土文化的重构契机

目前，学者对于乡土文化的"断裂"认识和看法并不一致。有认为城市文化将挤占乡土文化的"文化入侵论"，有认为现代文化将导致乡土文化消失的"文化终结论"。只强调乡土文化所遭到的外部冲击，而忽视其内部局限性是片面的；只看到自乡土文化形式上的断裂，而忽视乡土文化自身的内驱力和生命力同样也是片面的。乡土文化真的死去了吗？在此，要明确的是，乡土文化"断裂之势"表达的是"断裂的趋向"，它并未彻底"断裂"，其中暗含了从"断裂之势"走向"重构"的可能，这是基于文化惯性和文化变迁的客观认识。

首先，乡土文化具有强大的文化惯性力量。乡土文化价值的隐匿和功能的衰弱，并不意味着它由"生"至"死"。孙庆忠在农村劳动力流动和转移的研究中就发现，农民进了城，生活空间、生活方式和娱乐方式都发生了显著的变化，但基于乡土的关系网络却一直在延续着，乡村文化自身的传统并未断裂，他们依然在原有的关系网络中交换信息与资源，寻求支持与庇护，与城市人的联系极为有限。这就是乡土文化传统的惯性的力量，它很难被彻底颠覆，显示出强大的生命力、持续力、适应力和暗含的重构可能性。

其次，乡土文化"断裂"是文化变迁的一个环节，是乡土文化的"接口"，即"重构"契机。乡土文化因在现代化、城市化、市场化和信息化等要素事物冲击下而陷入"断裂之势"，包括生存空间、"人脉"和"文脉"整个文化结构体系的解构，可以看作是文化"碎片化"的过程；在这样的过程中，许多有价值的文化被历史无情地抛弃，但富有活性的积极因子往往因其文化惯性而被吸纳，或自发调整、转型以适应社会变化，这就是"重构"的过程。与其过度焦虑"断裂"本身，还不如把乡土文化的发展看成由各环节链接成的"链条"，而"断裂"就是文化成长中的一环，"短时阶段"看"断裂"是"裂口"，"长时段"看则是"接口"，是由无序的"断裂"到有序的一个环节，这一漫长的过程涵盖了乡土文化的涵化、嬗变及重构。可以说，乡土文化的"断裂之势"，包含着传统被打破的无序，是旧事物走向灭亡的剧变，同样也是乡土文化"重构"的契机。

在与多方现代性力量博弈中，乡土文化封闭的和稳定的生存时空不复存在，

它不能再靠"复制"承继自身传统性，在这种困境下它不得不走向更为开放的和动态的"重构"之路。那么，乡土文化如何重构自身，如何处理自身传统性与现代性的关系？这是乡土文化的重构的方向问题。

（二）突围"传统"与"现代"悖论的现代性融合是重构方向

"传统"与"现代"不只是以时间区分的"过去"与"现在"，更是成为一种价值观念的代名词并对立起来，而其中，"传统"相对于"现代"就是一种落后、愚昧、闭塞的表征。回溯历史，认为传统与现代是截然对立、不相融的对立两端，抛弃传统性才能走向现代性，无疑是错误的。

乡村，因保留过去与沿袭的价值观念，不断重复着往昔的行为、规范，使得与传统相连。乡土文化作为乡村传统文化的表达，其传统性体系在文化体系的各个层面。现代性冲击打破了乡土文化传统性，处于断裂之环节的乡土文化，若排斥现代性而保存传统性，无疑是不适时宜的"文化保守"；抛弃传统性而接受现代性进行颠覆性改造，则有"文化激进"的倾向。在乡土文化重构之路上，这看似是难以调和的"传统"与"现代"悖论。

事实上，谁忽视了乡土文明与现代文化之间的内在逻辑关联，就很难理解各自的内在含义。乡土文化重构应该跳出"非此即彼"的对立思路，走乡土文化与现代文化的融合之路，要认识到：乡土文化传统中孕育现代性，现代性离不开传统性；乡土文化重构方向是立足传统走现代性融合之路。

一方面，乡土文化传统孕育现代性，现代性离不开传统性。传统与现代可以作为时间上的连续，现代之前必有传统作为基础，现代化之后又形成新的传统。文化本身就是一种传统惯性的承接。乡土文化作为社会文化传统，是乡村新的文化生成和发展的文化内核，是取用的思想来源和精神家园，我们需要从乡土中国大量原汁原味的传统文化中，寻找到中国现代性智慧。

另一方面，立足传统走现代性融合之路，是乡土文化重构的方向所在。乡土文化传统性与现代性相融合的过程，也是不断构建文化自身认同的过程。现代性融合可以拓展乡土文化的广度，现代性内容、现代性方式的具备将使得乡土文化更能为人们所认识和认可，在满足多样性文化需求的过程中不断冲破时间和空间的限制，在传统与现代的交锋中激发乡土文化生命力与活力，彰显出乡土文化的价值，使之与现代文化和现代社会发展相协调和相适应。当然，我们不需要去纠结乡土文化在进行现代性融合之后是否还能称之"乡土文化"，因为传统永远处在制作之中，永远向未来打开无穷的可能性，传统首先就意味着未来可能出现的东西，而不是过去已经存在的东西。

综上所述，乡土文化重构，不是在田园理想情怀下对乡土文化的"全盘复兴"，也不是现代城市中心主义视角下对乡土文化的现代性颠覆性改造。乡土文化重构，是立足传统的现代性融合，它要求既要重视乡土文化的传统的保存、整合又顺应时代做出应有的现代融合和提升。乡土文化重构的急迫性下，厘清乡土文化从"断裂之势"走向"重构"的合理性，是探索乡土文化重构策略的前提和基础；而时代又创造出使这一合理性得以走向现实的机遇。

三、乡土文化发展向好的重构现实性

乡土文化作为中华民族传统文化资源的重要组成部分，在新时代和乡村振兴战略背景下，愈发显示出文化的持续性和生命力，这是乡土文化价值不断彰显、社会认同逐渐获得的表现，在新时代乡村振兴战略提供的机遇下，乡土文化重构具有现实性。

（一）新时代背景下国家层面的政策制度支撑和价值导向

乡村振兴离不开文化振兴，文化的振兴离不开乡村自身文化传统即乡土文化地再审视和再发展。

2018 年 2 月《中共中央国务院关于实施乡村振兴战略的意见》中指出的"发展创意农业和特色文化产业""繁荣兴盛农村文化，焕发乡风文明新气象，传承发展提升农村优秀传统文化、开展移风易俗行动"等，为乡土文化的价值再认识、发现和发展开启了新的历史机遇。

2018 年 9 月中共中央国务院印发《乡村振兴战略规划（2018—2022 年）》更为明确指出的"繁荣发展乡村文化""弘扬中华优秀传统文化，保护利用乡村传统文化、重塑乡村文化生态，发展乡村特色文化产业""丰富乡村文化生活，健全公共文化服务体系、增加公共文化产品和服务供给、广泛开展群众文化活动"等规划，以及中共中央国务院的《关于坚持农业农村优先发展做好"三农"工作的若干意见》也谈到"人居环境整治""生态保护和历史文化传承""注重保持乡土风貌"。不断推进和细化的政策制度，为乡土文化发展提供了更为强有力的保障、支撑和更为具体的方向指引。

在价值导向层面，2014 年正式启动中央电视台百集大型纪录片《记住乡愁》，该纪录片深入挖掘和阐述中华优秀乡土传统文化的时代价值，以现代的形式、广大人民群众喜闻乐见的方式，生动地将乡土文化带回大众视野。又如，2019 年，文化和旅游部为推动民间文化艺术的繁荣和发展，组织开展评审"中国民间文化艺术之乡"工作，命名 175 个中国民间文化艺术之乡，要按照乡村振兴战略总体要求，发挥"中国民间文化艺术之乡"的资源优势，推动文旅融合。主流媒体和官方的价值导向，体现出国家层面对优秀乡土文化价值的重视和地位的肯定，这为乡土文化传承营造了良好的社会舆论和外部环境，是乡土文化重构的重要基础。

在中央政策制度支撑和价值导向下，乡土文化的挖掘、保护和开发已成为各地区乡村文化振兴的一个重要方面。如山东德州庆云县多措并举传承乡土文化。福建莆田融合元宵文化打造旅游新名片、广西柳州以"非遗＋扶贫"推动乡村振兴等。以山东德州庆云县为例，该县坚持乡村文化振兴理念，大力实施"村歌计划"，对村歌进行编创、传唱，引导提升农民的精神风貌；保护传承非物质文化遗产，充分开发吴忠八极拳、东路梆子、哈哈腔等民间艺术、民俗表演项目，通过政府购买服务送戏下乡，等。如火如荼地挖掘、保护和传承乡土文化资源，彰显出新时代背景下乡土文化的时代价值，以及走现代性融合的重构之路的合理性和现实性。

总的来看，新时代背景下国家层面对乡土文化发展的政策制度支撑和价值导向，逐步打破了乡土文化长期以来在主流语境中的边缘化窘境，这是乡土文化在现代社会价值的确认和尊严的重拾，为乡土文化重构提供了难得的发展机遇。

（二）现阶段人们对乡土文化消费需求日益上升

随着社会经济的快速发展，人们对美好生活的需求日益增加，而饱含文化精神特性和形象价值的乡土文化作为人们文化消费的一个面向，正借由乡村旅游和乡土文化产品等形式走进人们的日常生活。简要分析乡土文化消费需求日益上升的原因，大致有以下几点。

1. 城市病的愈发凸显

城市化创造了现代文化、现代生活，推动了社会经济的发展，但也引发了一系列的城市问题，引发了城市病的蔓延。主要表现为人口膨胀、交通拥堵、环境恶化等问题，给在城市生活的人们带来了一定的身心压力和健康问题。在快速推进的城市化进程中，城市病的日益严重使得乡土文化的独特气质和魅力显现出来。相对于城市带来的紧张、焦虑和浮躁，承载着乡音、乡土、乡情的乡村有着更多诗意与温情。

刘铁芳认为，乡土性文化是一种诗性文化，是以人为本、关注生命的道统，它提倡灵动文思、道德文章和生命文化。"小桥流水人家""绿树村边合，青山郭外斜""归园田居"等和谐的自然风光，丰富多彩、别具一格的人文景观、风俗人情和传统文艺等，无不显示出其宁静、闲适和深远的文化韵味，成为异于城市文化的生活方式和文化选择。

2．乡愁舒缓的需要

当下的中国城市化的快速推进，是历史的必然。无数人离土离乡到城市实现的自己的追求与梦想，融入新的生活。但就如前文所述一样，城市体制与城市文化的认同阻碍在短时间内难以打破，许多人难以为自身提供一个完整的"精神家园"，无法摆脱对故乡故土的思念，始终存在着一种"怀旧"的焦虑，"乡愁"一词便成为易引人伤感、叫人唏嘘的字眼。每年春节，许多人为了一张车票而费尽周折，所为的也许就是释放心头的那一抹乡愁；许多久居城市的人，也要利用节假日回到乡村观赏人文景观、体验民俗风情、领悟文化沉淀；而家风家训热、《舌尖上的中国》热等，都能成为一种民众瞩目的文化现象，可见乡愁是有根的，有灵魂的。乡土文化作为一种本真的、原生态的文化体系，是舒缓"乡愁"承载所在。

3．人们的消费水平提升和乡村文化旅游的快速发展

在城市问题凸显、乡愁舒缓的需要的基础上，人们消费水平的提升为乡土文化消费市场注入活力。随着社会经济的快速发展，人们收入不断增加，人们的消费水平日益提升，消费观念改变、消费结构不断改善，既需要物质消费，也注重精神消费的满足；在市场的导向和激发下，乡村文化旅游融合发展的产业新业态兴起并取得快速发展。根据乡村旅游监测中心数据测算，仅2018上半年全国乡村旅游收入7700亿元，占国内旅游总收入的31.4%；乡村旅游已经接待人次13.7亿人次，占到国内旅游总人次的48.6%，接近一半。人们通过乡村旅游访古镇、望山水、忆乡愁，留宿乡村等形式，能直接地感受到乡土文化给予的充沛艺术享受，产生内心的愉悦安适和精神的满足。乡土文化的市场需求日益上升，使得乡土文化的保存、开发和利用有了驱动力。

可见，现代化、城市化和市场化在给乡土文化重击之时，也为乡土文化提供了重构契机和时代发展机遇，使得社会认同的逐渐获得、现代生存空间逐渐开拓，使得乡村社会和农民的自豪感、自信心、归属感和认同感得到唤醒和增强，为乡土文化重构之路奠定了基础。

正如刘铁芳说："乡村文化的重建，其核心就是恢复乡村文化的自信心，

重建乡村文化作为社会文化有机体存在的尊严。"乡土文化重构的急迫性、合理性和现实性架构起了乡土文化重构可能，在乡村振兴战略带来的国家力量支撑下，探索乡土文化立足传统进行现代性融合的重构策略，是必要的、合理的和现实的。

第三节　乡土文化的重构策略

乡土文化重构必然要在乡土文化内部、不同文化之间、文化和现代社会环境的关系之间展开，是一个系统的、互动的、动态的漫长过程。乡土文化重构需要在国家力量支撑下，内部重塑乡土文化价值认同、外部推动乡土文化走"文化旅游融合"之路以延承乡土文化"文脉"，培育多元的乡土文化传承主体和保护主体以延承乡土文化"人脉"，为乡土文化重构起切合时代社会发展的新内涵、新主体和新空间。

一、延承"文脉"之内部重塑乡土文化价值认同

乡土文化价值的实现，从根本上来说，取决于其在多大程度上为人们所认同。文化认同，指个体对于所属文化和文化群体内化产生归属感，而获得、保持与创新自身文化的社会心理过程。对乡土文化的发展而言，重塑其价值认同是最为内在的、关键的和深刻的基础。首先，这要求乡土文化自身要进行区别于多元异质文化的保存、整合和提升，以获得自身独特价值的"我"的确认；其次，也要求乡土文化要进行与他文化的交流互动，以实现自我认同和社会认同的统一，以奠定人们对乡土文化认同产生的内在基础。

（一）进行乡土文化的批判性保存、整合与提升

"各美其美，美人之美，美美与共，天下大同"是费孝通对"文化自觉"的进一步概括，其中"各美其美"是指对各自的文化的传统和特色有自知之明，并欣赏自己的文化；"美人之美"是指以开阔的视角去超越自己的文化；而"美美与共，天下大同"则是指多种文化通过相互接触在价值观上取得一定共识，达到"和而不同"的境界。要重建乡土文化价值认同，首先要做到"各美其美"，要对乡土文化自身传统进行批判性内在整合，要搞清楚"我"是怎样的，清楚文化的积极成分和消极成分并进行提升。

首先，要对乡土文化要进行批判性保存、整合与提升。乡土文化作为集物

质文化、规范文化和表现文化的复杂的综合文化体系，"二重性"特征明显，其中封闭、保守、陈腐的消极文化因子是客观存在的。乡土文化重构要肯定积极成分，否定消极成分，实现"取其精华、去其糟粕"的辩证"扬弃"。

1. 乡土物质文化层面

乡土物质文化中的乡村风光、民居古镇、祠堂庙宇、乡土建筑、农业遗迹等，能直接地体现乡土文化特色的物质载体和精神载体，也是保护和传承乡村特色与风貌、提升乡村形象与内涵的基础所在。乡土物质文化作为独特的乡土文化元素，应尽快走出市场功利性、趋同性开发和地方政府建设理性缺失的困境。国家应从宏观层面对乡土物质文化的保护和开发做出价值引领，并出台相关政策文件予以保障；地方政府在乡村振兴的推进中，应结合当地乡土物质文化的实际情况，科学合理的予以抢救、维护和保护。如乡村风貌保护方面，《乡村振兴战略规划（2018—2022年）》中就明确指出要"建设立足乡土社会、富有地域特色、承载田园乡愁、体现现代文明的升级版乡村，避免千村一面，防止乡村景观城市化；充分维护原生态村居风貌，保留乡村景观特色，保护自然和人文环境"。

2. 乡土表现文化层面

乡土表现文化包括民风民俗、民间节庆、歌谣曲艺、传统技艺等，是乡土文化的"活性"表达，其资源的整合主要是进行民间收集、整理在册、全面保护、重点挖掘、培育活用，在保护其传统性特质的基础上，用现代手段对其进行创造性转化和创新性发展，借用现代的方式实现文化的传承。如，文化和旅游部为弘扬中华优秀传统文化，促进戏曲繁荣发展而开展的"中华优秀传统艺术传承发展计划"2019年度戏曲专项扶持工作就是一个体现，它指出要进行"名家传戏——当代戏曲名家收徒传艺""地方戏曲剧种文献、资料数字化影像化保存"和扶持经费等都值得借鉴。

3. 乡土规范文化层面

乡土规范文化沉淀下来的文化精华，如"天人合一"的生态理念、"仁爱互助、勤俭节约、重义轻利、淳朴诚信"的社会共同价值标准、"忠义孝悌、睦亲节俭"的良好家风等，作为乡土规范文化的积极成分应该得到挖掘、提升和弘扬；而对于那些与社会发展和进步不适应的、封建落后的文化因素，如族权本位的宗法观念、婚丧嫁娶的陋俗，宣扬君君臣臣、父父子子，三从四德，封建迷信等糟粕就要进行剔除。乡土文化批判性保存、整合与更新，具有较强实践操作性，有利于较快找到乡土文化与时代发展相适应的、独特的形式和内涵，以在多元文化中交汇中被识别和被认同。其次，乡土文化还必须在与多元文化的互动中兼收并蓄，以达"美人之美、美美与共"。乡土社会不只是一个地理空间，也是一个有着历史维度、社会记忆、文化传统和集体意识的复杂场域。伴随着乡土社会封闭性同质空间的现代性敞开，乡土文化不可避免地与相异的外来文化、现代文化、流行文化、主流文化等建立起一定程度的联系，一味地排斥异质文化绝不是乡土文化现代性提升和更新的可行之道。

特别是在对待乡土文化与城市文化的关系问题上：首先，应该把乡土文化和城市文化放在一个平等的位置上，我们既不能以城市文化去颠覆乡土文化，也不能把乡土文化的现代性重构的最终归宿定位到城市文化，要跳出"二元对立"的呆板僵化的思维模式。其次，建立起城市文化和乡土文化的"互哺"机制，城市文化要对乡土文化的生态价值理念、优良伦理道德进行借鉴；乡土文化也要保持个性发展的基础上要接受城市文化中民主、平等、法治的价值观念等先进因素的传递。只有在与多元文化碰撞、交流的良性互动中兼收并蓄，乡土文化才能不断确定自身文化特性，淬炼出文化自信和独有品格；才能最终形成不脱离乡土、不限于乡土的乡土文化重构发展模式；才能在多元社会文化关系中重构其价值认同，达到"美人之美，美美与共"。

（二）以社会主义核心价值观引领乡土文化重构

无论是乡土文化的内在整合，还是多元文化的互动中的更新，都必须要有社会主义核心价值观的引领，以明确前进方向，避免各种非主流甚至与"主流"相冲突的文化的侵占。乡土文化的重构与社会主义核心价值观契合起来，既是乡土文化重构的必须坚持的方向，也是乡土文化走现代融合以实现价值认同重建的必由途径。

一是要以社会主义核心价值观为引领，弘扬乡土文化契合时代的智慧，推进乡土文化认同与国家认同的统一。重建乡土文化价值认同，要对乡土物质文化、乡土规范文化等外在文化加以继承和保护，但绝不能仅仅关注于抢修了多少民居、古镇，收集保存了多少民歌、民谣等，更不能止步于简单的文化形式的恢复，更为重要的是要重新解读乡土文化的精神内涵。重新解读乡土文化的精神内涵，必须要坚持社会主义核心价值观"富强、民主、文明、和谐；自由、平等、公正、法治；爱国、敬业、诚信、友善"的价值引领，各个地方政府应该对本区域乡土文化资源进行整合，在"二十四字"的价值引领下去发掘、批判性继承、创造性转化、创新性发展。如宗法制度、封建专制思想等不利于"民主""文明"价值观培育;"重人治轻法治"、圈子意识等不利于"法治""公正"价值观的培育;"男尊女卑""三从四德"的传统观念不利于"平等""自由"价值观的培育;"小农意识""均贫富"观念和封建迷信要予以消除;把积极的家庭观、道德观、乡土观、生态观进行转化,实现与社会主义核心价值观的融合。"不打破传统劣根文化构建起的'思想藩篱',不消解消极价值观念与社会主义核心价值观的对立,乡土文化建设就很难在塑造价值观念、规范价值言行、引领价值追求方面有所作为和突破。"

二是以乡土文化培育社会主义核心价值观之途径,赋予乡土文化新的精神内涵。乡村社会主义核心价值观的培育需要乡土化,要将社会主义核心价值与家风文化、乡约文化、乡艺文化、民俗文化、典故史实等紧密结合起来,嵌入人民群众的日常中去,"在落细、落小、落实上下功夫";要将社会主义核心价值观转化为农民愿意接受、能够接受,听得懂、弄得清、记得住的符合农民的思维和语言表达方式的话语。正是在乡土文化和社会主义核心价值观的互动中,乡土文化得以实现现代融合和提升。

二、延承"文脉"之外部推动乡土文化走"文化旅游融合"之路

(一)"文化旅游融合"是乡土文化重构的现代手段

现阶段,文化和旅游消费已经成为人们美好幸福生活的重要部分,人们对文化和旅游的需要实现了从"有没有,缺不缺"到"好不好,精不精"的转变,我国已经进入了大众旅游时代。而乡村旅游凭借其独特文化品格吸引着广大消费者,如乡村民俗发展较快的浙江省,现有民宿1.6万家,直接就业9.8万人,乡村民俗已然成为当地乡村产业兴旺、助力实施乡村振兴战略的重要载体。而乡村民俗也在乡村旅游的发展中,得以冲破地域限制拥有更大的现代生存发展空间,实现了文化发展和文化认同的持续。但乡土文化和乡村旅游绝不是简单的"1+1"的关系,不是旅游业开发和利用乡土文化的单向关系,正如文化和旅游部所坚持的"宜融则融,能融尽融,以文促旅,以旅彰文"的理念所体现的,二者是相互连接、相互渗透、相互影响和融合的紧密关系。

乡土文化需要并且能够走"文化旅游融合"之路。

首先,就必要性来看,内部重塑乡土文化价值认同可以使得乡土文化得到保存和提升,但乡土文化的长远发展应该是"动态"而非"静态"的。在市场

化进程中，乡土文化不可避免要进行市场化转型，通过开发和利用乡土文化资源，为其注入现代性内容、使其具备一定的现代性形式，使得乡土文化在动态中融合、创新和发展。只有这样，乡土文化才能最大限度为人们所了解、接受和认可、才能超越地域限制开拓更广阔的空间。

其次，就可能性来看，生态资源和人文资源是发展旅游的基础。乡土文化多样、丰富又深厚的乡土物质文化、乡土表现文化和乡土规范文化汇集成巨大的文化资源，如田园风光、村落民居、建筑景观、民俗风情、传统技艺、饮食文化、人文历史等，具有自身的独特的文化气质和人文底蕴、区别于现代城市文化展现出强烈的魅力和吸引力，体现出极高的生态价值、人文价值和经济价值，是"文化旅游融合"的基础支撑。

乡土文化是乡村旅游的核心元素，乡村旅游是乡土文化重构的现代手段。"一方水土、一方文化"，乡村旅游的独特市场价值，要依托"乡村"二字所蕴含的文化内涵，其发展必须基于对乡村传统乡土文化的开发和利用，以凸显乡村旅游自身影响力、保持和提升竞争力，实现更有特色、更有质量和更持久的发展。在此，要注意把握乡村旅游对乡土文化开发和利用"原真"还是"创新"的"度"；就乡村旅游可持续性发展来看，其开发和利用过程中必然要对其"原真"的乡土性、传统性、差异性和独特性进行保存和延承，这是一区域乡土文化区别于其他区域的或其他文化的根本性价值、是吸引旅游消费者的前提；在保持其乡土文化内核的基础上，乡村旅游再面向市场、城镇和游客进行合理的创造和创新。"传承但不守旧，创新而不忘本"是乡村旅游开发和利用乡土文化这一核心要素要做的方向把握；而借乡村旅游发展，通过各种形式的文化解读、景观塑造、艺术展示和互动体验等，可保护和传承乡土文化，实现乡土文化的再生产。

总之，没有乡土文化的内涵支撑，乡村旅游不会拥有生命力；没有乡村旅游的载体提供，乡土文化就失去表现"舞台"、缺乏表达手段和感染力。乡村旅游是乡土文化重构的现代手段，但并非最终能够目的；乡土文化走"文化旅游融合"之路要平衡好"短期利益"和"长期利益""经济账"和"文化账"的关系，从始至终都把乡土文化传承和乡村生活价值和意义重建重视起来，才是关乎乡村振兴的长远之计。

（二）乡村旅游推动乡土文化重构的可行性策略

1. 挖掘乡土文化资源、开发乡土文化产品

文化产业必须通过生产和提供文化产品，通过消费者的文化产品消费，才能够取得现实的效果。乡土文化通过产品的开发、创造和提供能满足人们对追求美的体验和享受的需要，能让人们放松自己，舒缓压力，释放内心；而乡土文化产品蕴含和表达着的文化价值观念和精神思想，能潜移默化地影响着人们的思想和行为，实现优秀乡土文化的传播。乡村旅游产业的发展必须依靠乡土文化产品的开发，通过积极开发传统节日文化用品和武术、戏曲、舞龙、舞狮、锣鼓等民间艺术、民俗表演项目，促进文化资源与现代消费需求有效对接。但是，乡村旅游地的乡土文化产品是否能够打开市场、赢得认可，最根本的就在于其内含的文化价值、思想观念和情感因素是否具有吸引力、感染力和持续凝聚力。文化才是文化产品的灵魂及核心，真正决定乡土文化产品本质的，是它的思想内涵和审美价值。这就要求在开发乡土文化产品时，首先，要突出本土性，必须依托本区域乡土文化独特内涵的挖掘、解读和创新，赋予乡土文化产品特定内涵、突出的文化气质和文化品格，进行乡土文化产品的个性化生产，依托区域资源优势，实现差异化竞争。其次，要注重形式多样性，乡土文化产品包括文化商品和文化服务，要向旅游者提供剪纸、木雕、刺绣、泥塑、陶瓷等特色工艺品，以及乡土特色服饰和乡土特色食品等文化产品；还可以将乡村田野生产、休闲民居、风俗节庆、民间艺术表演表演等结合起来综合开发。最后，要保障乡土文化产品的原创性和创新性，乡土文化产品的开发要以内容为核心、以创意为源头、以技术为手段，提升产品的文化含量和技术含量，增强乡村文化的附加值，生产出符合市场需求的、有竞争力的文化产品。

2. 打造乡土文化旅游产业链

在通过挖掘乡土文化资源、开发乡土文化产品，以传承和发展乡土文化的基础上，还要以乡村为平台、以文化产品消费为辅、以文化内涵消费为核心，形成"集吃、住、行、娱、乐、购"为一体的乡土文化开发模式，打造乡土文化旅游产业链。

首先，要把静态的乡土物质文化、动态的乡土表现文化和深厚的乡土规范文化融合起来，进行整体性文化环境营造。要让游客在乡村的自然生态、地域风情、村落民居、建筑景观等游览中直观的体验，在乡村的民风民俗、传统节庆和民间舞蹈音乐的观赏中沉浸的感受，营造出良好的整体性文化环境，使旅

游者获得对乡村自然之美和乡土人文之美的整体性感受。

其次，创设文化的品牌效应，促进本土文化增值。依托乡土文化的乡村旅游发展，应该具有鲜明标识性的品牌元素，与其他地域乡土文化相区别开来。乡土文化旅游产业的整体性发展要突出本土性、独特性、才能从各区域乡土文化中脱颖而出。为此，打造乡土文化旅游产业链，必须注重对原汁原味的乡土文化的挖掘、从乡土文化上升到乡土品牌；乡村旅游的主题要明确、立意要高远、找准目标市场，形成多元化的文化发展模式。

再次，要加深与周边区域文化的交流，构建区域联动机制。随着乡村文化旅游产业的快速发展，行业内竞争日趋激烈，在有条件的情况下，既要依托当地独特的文化资源，也要加强与周边地域加强交流，遭到彼此的文化契合点，形成共生共存的地域性的乡村文化产业集群，从而增强所在地的旅游文化品位和经济竞争力。

最后，乡土文化的"文化旅游融合"必须关注与地区经济水平和社会发展的交互，因为它需要建立在较为完善的基础设施建设，如交通、通信等。对于许多具有丰富的乡土文化资源但是经济发展缓慢、基础设施落后的地域，走"文化旅游融合"发展乡村旅游和传承乡土文化还需要很长时间。

乡土文化走"文化旅游融合"之路，通过乡村旅游"传承但不守旧，创新而不忘本"的活用和有效表达，将有利于激活乡土文化生命力、彰显乡土文化价值、提供和强化乡土文化载体，从而进一步向外搭建起乡土文化现代生存和发展空间，实现文化传承和产业繁荣的"双赢"局面。当然，这一切正面效应的实现和持续，都必须建立在乡村旅游的科学发展的基础之上。然而事实上，如何把控以减少乡村旅游开发对乡土文化的负面影响已经成为亟待解决的严峻问题。

（三）政府层面对乡村旅游的宏观把控

在市场激发下，引导乡土文化走"文化旅游融合"之路时，可以看到乡土文化与乡村旅游融合所有的现代化和市场化机遇；但更该记住，同样是现代化、城市化和市场化的突飞猛进冲击乡土文化，使其陷入"断裂之势"的传承困境。乡土文化从困境里走出，断不可再陷入，甚至更深地陷入"断裂"之境。必须要直面快速发展的乡村旅游对乡土文化发展的负面影响，承认问题、剖析问题和解决问题，以实现对乡土文化走"文化旅游融合"之路传承乡土文化的功能。

乡村旅游的发展可能进一步加剧乡土文化的破坏。乡土文化传统封闭性的打破和面向市场的大幅度敞开，必然带来整个乡土文化的剧烈变化。"乡村旅游业的发展可能给乡村地域文化带来冲击，造成过度乡土商业化的现象，扭曲的文化真实内涵"；可能引发乡村传统文化景观冲击，出现文化景观破碎化和边缘化的现象；多数乡村旅游地对原生文化资源保护不当、破坏严重，使得乡土文化环境受外部冲击而日渐走向消亡，使得乡村旅游地淡化了自己的文化而接纳了别人的文化；乡村旅游文化交流中的不对称采借，极易使旅游文化资源所在地区的本位文化产生变异，与外来的客体文化发生趋同性等。这些将要或正在发生的负面影响，一个原因是在于乡土文化进行现代化市场化转型必然会出现的文化不适应；另一个重要的原因在于当下乡村旅游开发的理念错位和开发技术的良莠不齐的加剧。为此，乡土文化走"文化旅游融合"之路以传承乡土文化，还必须要政府层面的宏观把控。

第一，进行科学开发的价值理念导向。一方面，政府要通过官方媒体，电视电影、报纸广播、各种文化活动、互联网等多元渠道弘扬优秀乡土文化，确立优秀乡土文化在现有文化体系中的价值、地位和尊严，为乡土文化的开发利用和价值重建提供主流话语支持；另一方面，在乡村振兴视角下的乡村旅游的开发过程中，要站稳保护和传承乡土文化的立场，不能只采取行政化的手段进行形式上的乡村美化运动，破坏了乡村的文化气质，要依托优秀乡土文化，留住乡村之"魂"。

第二，要完善政策法规、强化标准引领，将乡土文化的文化旅游融合发展纳入法制化轨道。一是要完善和健全针对乡村旅游的政策法规，为乡土文化的旅游融合的健康发展提供制度性保障；二是要不断强化标准引领，如文化和旅游部市场管理司，2018年制定《旅游民宿设施与服务规范》国家标准将对乡村旅游发展的"民宿民居"开发和利用起到规范作用。

第三，要加强市场监管，对于乡土文化开发的"低俗化""媚俗化"，将乡土文化糟粕当"买点"、恶性开发破坏乡土景观建筑和自然生态管等扭曲乡土文化价值、偏离正确发展轨道的行为，进行有效监管，有针对性地对乡村地域文化监理保护和惩戒机制。

第四，提升乡土文化的旅游融合发展的技术水平。乡村旅游开发既需要资源和市场，也需要技术，不同区域乡土文化资源具有独特异质性，经济发展水平不一，开发技术也良莠不齐，单靠地方政府的旅游开发难免要出现不科学、不全面和不合理之处。因此，要提升乡土文化"文化旅游融合"发展技术水平，政府应该从宏观层面为我国乡土文化的"文化旅游融合"提供智力支持，要加强基础研究，加强对乡村文化旅游新业态的调研和调查，形成共性的乡村文化旅游的规划设计框架，培育一批乡村文化旅游开发设计的人才队伍，以提供技术性指导和智力支持。

　　"传统文化得以传承的前提条件是其在当下的'有用性'，只有文化主体认为那些文化传统对自己是有用的才会延续传承下去，反之则会抛弃。"乡土文化走"文化旅游融合"之路，实质上，就是通过现代性手段、以现代性方式对乡土文化进行活用和重新表达，以适应现代社会的需要，显示出其"有用性"价值，这是乡土文化面向时代从外部架构起生存和发展空间、获取社会认同的过程。

三、延承"人脉"之培育多元乡土文化传承主体和保护主体

（一）乡土教育是乡土文化传承的"生命机制"

　　当下"城市中心主义"取向下上行的乡村教育，是"去乡土化"的、文化选择单极化的、生命教育缺失的教育。它没有自己的"主张""判断"和"选择"，只是盲目地"模仿"和"听从"城市教育的"声音"，陷入了价值取向和文化选择的困境。"必然面对乡土社会、乡村文化、乡村生存的乡村少年置身教育之中，却触摸不到乡土价值的深层滋养，导致自我存在文化自信心的缺失与生命根基的浅薄化。"乡村教育必须要改变以"升学"为唯一目标的定位，必须要面对全体学生，着眼于他们的生命健全成长，为他们以后多方面的发展打好基础。无论是留守农村，还是到城市发展，都能打开局面，即"走得出，守得住"。这样全面的乡村教育目的实现，离不开乡土自身文化的滋养，需要重新确认乡土文化作为乡村教育的文化资源的价值和作用，乡土教育不容置疑要纳入乡村教育的宏观框架里来。

　　乡土教育，是指将该地方优秀乡土文化作为教育资源，进行教学活动，使受教育者"能在了解与认识自己生长或长期居住的乡土基础上，激发乡土情感、产生乡土关怀与乡土认同，贡献自己的力量来改善乡土环境、促进国家认同之教育"。乡土教育的深远意义，还在于让学生更好地理解劳动的意义、土地的生命意义和乡村生活方式蕴含的智慧，理解千百年传承下来的生命体温、生存智慧和生存方式，以便于乡村学生能够在这样的土地上找到生命滋养的一种可能性，建构起更为开阔的、全面的、包容的和多元的文化观念，为未来的生存和生活提供切身可行的"生命价值观"基础，避免"文化边缘人"的产生。乡

土教育能够"树立乡村少年置身乡土社会基本的生存自信，培养出积极向上的新一代村民，提高他们对乡村社会的重新认识，提高他们置身乡土的生存技能、能力与自信，实际上就是在培育乡村建设和文化传承的真正的主体"。这样，乡土文化"人脉"延承得以实现，乡土教育是乡土文化传承的"生命机制"。编写乡土教材、开发乡土课程、培养乡村教师是推动乡土教育以传承乡土文化的可行途径。

1. 编写乡土教材

乡土教材作为一种补充性教材，其编写：首先，必须要在学科课程标准或教学大纲的范围内、不破统编教材系统性的基础上进行，更以学生身心的全面健康发展为立足点；其次，要结合学校和当地的实际情况，因地制宜地挖掘和利用优秀乡土文化资源，把当地自然地理风貌、乡村历史、民歌民谣、文艺服饰、风俗饮食、工艺绝学等进行收集、整理和创造性汇编，开发出一套具有民族性、地方性、现实性、整合性特色的乡土教材；再次，乡土教材开放重视本文化与他文化的交流和融合，要避免因太注重民族性和乡土性而忽视了现代性、科学性和开放性，导致文化的闭塞。

2. 开发乡土课程

乡村学校通过课程编排、教师讲解，可以将乡土文化系统化的形象又直观地呈现在学生面前，让学生对当地的乡土轮廓和风貌有更加清晰的认识，从而深化对家乡故土的熟悉情感，加深乡土文化认同。乡土课程包括但不限于乡土教材的编写和教学，还应该包括自然课程、实践活动课程，如耕地、播种、施肥、浇水、收割庄稼等特有劳动实践。乡土课程开发要充分考虑学生的常年生活实际、引导学生正确认识周遭的乡土环境，培养健全的乡土认知。

3. 培养乡村教师

教师是教育活动的灵魂，乡土教材教学和乡土课程的具体实施都离不开教师，而且教师本身的文化素养和乡土文化情感能潜移默化地影响学生。乡村教师应该具有更为人本化的情感，关注学生的精神世界和全面发展；应该客观理性地看到乡土文化的价值的所在和传承的必须，担当起传承乡土文化的使命和责任，并以更为开阔的文化视野处理好乡土文化与多元文化之间的关系。相对高素质的、富有乡土情怀的教师，才能够在农村待得住、又能胜任农村教育工作，有助于发展乡村教育，传承和弘扬乡土文化。当然，培养这样的乡村教师队伍，离不开国家政府对乡村教师来源的制度性确保以及其在职过程中文化素质提升和培育，还有对关乎乡村教师生活的工资福利待遇、职业发展前景等问题的解决，如《教师教育振兴行动计划（2018—2022年）》已明确提出乡村教师素质提升等计划。

亨廷顿曾说，文化认同是用"祖先、宗教、语言、历史、价值、习俗和体制等界定自己"，是用最有意义的事物来回答"我们是谁"。乡土教育就是致力于告诉学生"我们是谁"的教育，就是在对乡村生存价值理念的合理性的尊重基础上，通过乡土教材、乡土课程和乡村教师发挥"以文化人"和传承文化的双重功能，实现乡土文化"人脉"和"人脉"的共同延承。

（二）发挥农民和乡村文化人的主体性作用

乡土文化"人脉"的延承，需要长远的乡土教育以培养新一代村民，也离不开现阶段的农民教育，以及多元传承主体和保护主体的共同参与。现代化进程中乡土社会急速变迁，农民的生活发生了剧烈变化，乡土文化的生存空间坍塌，"人脉"和"文脉"趋于断裂，不可能让老百姓来承担起文化传承的重任。乡土文化的重构，最重要的还是国家权力和社会政策的介入，去重塑乡村生活的价值与意义、去给乡村以希望与未来、去留住人心和凝聚人心，以重构乡土文化的生存和发展空间。

1. 要发挥农民重构乡土文化的主体性作用

应在现阶段国家力量的支撑下，通过多种方式激发和深化农民对家园的归属感和对文化的认同感。发挥农民主体地位以重构乡土文化应该做到以下几点。

第一，要在乡村振兴战略部署下推动农村经济健康发展，完善交通、通信等基础设施建设，整治农村环境、建设美丽宜居乡村，提升农村基本公共服务、逐步健全社会保障体系，全面提升新时代乡村生活的价值与意义，唤醒农民对乡村家园的价值认同。

第二，要搞好文化基础设施建设，出台乡土文化保护的法律法规，建立完善的乡土文化保护机制，建立乡土文化事业专项基金，制定符合当地的乡村文化产业发展的长远规划，促成良好的乡土文化建设和发展态势；各个环节要让农民参与进来，要调动农民参与、发展和创新乡土文化的主动性和热情，强化主人翁的文化意识和文化归属感。

第三，要进行"农民教育"。通过"农民教育"促进农民的"封闭性、保守性、依附性"的传统人格向"独立、开放、平等、创新"的现代人格的转型，形成契合时代的新的价值体系。只有这样，主体农民才能把握好乡村文化振兴的方向，才能担负起乡土文化重构、传承和发展的使命。

第四，地方政府和社区要"以文育人""以文化人"，要挖掘和利用好乡土文化的精髓，进行"家风和谐""民风淳朴"等主题的乡风"软"建设。开展近民意、民情和民生的民俗文化活动、礼仪礼节传统文化活动，如优秀乡土文艺作品展、群众性民间文艺汇演等，营造良好的文化氛围。让优秀乡土文化成为"乡风文明"建设的内生资源，传递适应乡村社会发展的价值观念和精神追求，弘扬美德、引领民风、怡情养性，以重塑和确立乡土文化的价值，构建起农民的文化自信与文化自觉，循序渐进地培育出新一代文化的"文化农民"。

2. 要挖掘和培育乡土文化艺人

乡土文化的"断裂之势"是对传承困境的总体概括，但并不意味着乡村就是文化荒漠，乡村还蕴藏着丰富的乡土文化，农民也并不是无文化的群体，有许多散布在广大乡村的民间乡土艺人，他们是乡土文化的创造者和传承者，是乡土文化重构需要的人才，必须重视起来。如熟悉乡间礼仪，具有学识和智慧的民间学者，如擅长剪纸、雕刻、竹编，善于舞龙舞狮、民歌民谣、书画等的各种手工艺人和文艺艺人。

首先，要建立乡土人才库，建成人才信息网络，对散落在乡村的民间艺人进行找寻，对各自具体的文化艺术形式进行整理和记录，对突出的进行重点追踪和保护。

其次，要从政策和制度上进行支持和保障，对他们的生活待遇、福利安排和发展前景方面进行帮扶。

最后，要着眼于民间艺人的培育和发展，不能只"留住人"、还要"发展人、带新人"，可以以乡土艺人为中心开展乡土文化技能培训，开展富有地方特色的"传帮带"活动，通过帮技术、帮项目等带出新一代的乡土人才。只有给予乡土文化艺人全面的帮扶，他们才能担负起将自己所持的乡土技艺和技术传承给后人、贡献给社会的责任和义务。

3. 发挥乡贤和基层领导干部的带头作用

一方水土育一方乡贤，一方乡贤领一方乡民。"乡贤"是指传统乡土社会中，凭借知识、能力、德行、作为等"立德、立功、立言"造福乡村，塑造出自身影响力和威望的贤人志士、地方官员、长老和乡绅。先贤们是乡土传统文化中优良道德价值观的传承者、示范者，也是农民道德行为的规范者、约束者和引导者，在传统乡土"熟人社会"和"礼治社会"发挥着调和乡村社会关系与冲突，进行文化教导、伦理指引，规范乡村秩序的重要作用。

在乡土文化重构中，一方面，我们可以学习"古贤"，开展"知乡贤、忆乡贤、颂乡贤、学乡贤"的系列活动。让乡贤文化助力乡风文明建设，同时又弘扬先贤文化，赋予乡土文化时代内涵和价值；另一方面，要培养和发挥"新贤"在重构乡土文化过程中的领头作用，要依靠优秀的基层干部、道德模范、知识分子、身边好人、能人等"新乡贤"主体，激励他们做优秀乡土文化的宣传者、传承者和捍卫者。特别是基层领导干部，作为国家政府的文化制度政策的贯彻执行者，应当清楚传承和发展乡土文化的重要性，应该通过加强理论学习，正确把握和落实好各项文化方针政策。

（三）推动乡土文化传承主体与保护主体多元化

1. 引导社会文艺工作者创作更多体现乡土文化价值的作品

乡土文化既有沉淀乡村记忆的丰富多彩的物质文化、原汁原味的生动活泼的表现文化，更有蕴含人文精神和道德观念的规范文化，对于乡村振兴、社会发展的一些问题有着重要价值，要支持反映农民生产生活的"三农"题材文艺创作生产。

首先，"要引导文艺工作者树立正确的历史观、民族观、国家观、文化观，自觉讲品位、讲格调、讲责任"；其次，引导文艺工作者深入乡村、体验乡村生活，把值得保存的乡土物质文化和乡土规范文化展示出来，把优秀乡土规范文化的文化故事和文化精髓挖掘出来、提炼出来、展示出来，创造出更多体现乡土文化价值的优秀作品；最后，要紧跟时代的潮流，引导文艺工作者推出更多健康优质的以乡土文化为主题的网络文艺作品，坚决抵制以偏概全丑化和污名化乡土文化的低俗、庸俗和媚俗的作品。

2. 借助相关组织、协会推动乡土文化的传承和保护

目前，与乡土文化传承与保护的相关的社会组织和协会有很多。如，以"弘扬民族、民间、民俗文化主旋律"为宗旨，为民族、民间、民俗文化艺术的传承、研究和交流搭建平台的中国国家民俗协会；在多元文化记录、传播、共享的旗帜下，做中华民族文化精神传承者，做文化遗产记录者，已成为中国文化遗产保护的重要力量的中国民俗摄影协会等。这些存在并且得到发展的协会，是民族、民间和民俗文化需要被保护和传承的体现，也是其传承重要性和必要性的体现。对于乡土文化发展而言，若政府鼓励乡土文化传承与保护志愿者协会等的建立与发展，并加以引导和支持相关民间艺术组织协会，或将激发其发挥出

更大的价值和作用。

统观乡土文化重构的全局，国家力量始终贯穿在乡土文化重构的过程之中，是乡土文化重构的保障者和推动者。无论是内部重塑乡土文化及其价值认同、外部推动乡土文化走"文化旅游融合"之路、还是培育多元乡土文化传承主体和保护主体，单靠地方性的、零散的建设还是不够的。乡土文化走出传承困境实现重构，需要在国家政府宏观的、全面的顶层设计下进行；需要国家政府的政策制度、财力物力人力的大力的、持续的和有效的投入，国家力量不可缺席。

在乡村振兴战略带来的国家力量的支撑下，内部重塑乡土文化价值认同、外部推动乡土文化走以"文化旅游融合"之路以延承乡土文化"文脉"，培育多元乡土文化传承主体和保护主体以延承乡土文化"人脉"，将推动乡土文化走出"断裂之势"，实现立足乡土文化传统的现代性融合。乡土文化重构，实质上就是在重新解读和赋予乡土文化内涵、重新培育起乡土文化的创造和传承主体、重新为其营造一个现代生存空间和环境，以提升乡土文化的内在认同感和外在竞争力，重新确立起乡土文化在乡村振兴、民族文化繁荣和中华民族伟大复兴进程中的价值和地位。

参考文献

[1] 周霄. 乡村旅游发展与规划新论 [M]. 武汉：华中科技大学出版社，2017.

[2] 张翠晶. 生态理念和田园文化视角下的乡村旅游景观设计 [M]. 长春：东北师范大学出版社，2017.

[3] 宋军令. 文化传承视野下的中国乡村旅游发展研究 [M]. 北京：中国环境出版社，2017.

[4] 刘曙霞. 乡村旅游创新发展研究 [M]. 北京：中国经济出版社，2017.

[5] 邹统钎. 乡村旅游：理论·案例 [M].2 版. 天津：南开大学出版社，2017.

[6] 陈瑞萍. 美丽乡村与乡村旅游资源开发 [M]. 北京：航空工业出版社，2017.

[7] 王野. 基于旅游人类学视角的乡村旅游文化建设研究 [M]. 成都：四川大学出版社，2018.

[8] 舒科. 明日田园：以旅游推进乡村振兴的探索与实践 [M]. 成都：四川人民出版社，2018.

[9] 杨述明. 乡村旅游与后乡村治理 [M]. 武汉：湖北人民出版社，2018.

[10] 张碧星. 城镇化发展过程中的乡村旅游经营管理研究 [M]. 北京：中国商务出版社，2018.

[11] 北京巅峰智业旅游文化创意股份有限公司课题组. 图解乡村振兴战略与旅游实践 [M]. 北京：旅游教育出版社，2018.

[12] 刘娜. 人类学视阈下乡村旅游景观的建构与实践 [M]. 青岛：中国海洋大学出版社，2018.

[13] 尹华光，蔡建刚. 乡村振兴战略下张家界乡村旅游高质量发展研究 [M]. 成都：西南交通大学出版社，2018.

[14] 鲍黎丝，黄明珠，刘红艳. 乡土文化遗产保护与乡村旅游的可持续发展

研究 [M]. 成都：四川大学出版社，2019.

[15] 叶俊. 基于旅游人类学角度的乡村旅游文化建设研究：以大别山乡村旅游为例 [M]. 北京：九州出版社，2019.

[16] 谌静. 乡村振兴战略背景下的乡村旅游发展研究 [M]. 北京：新华出版社，2019.

[17] 吴钰濛，陈本友. 扎根乡土文化，挖掘美育素材：重庆市北碚区美育实验改革初探 [J]. 教育信息化论坛，2019（06）：64-65.

[18] 张卫亮，郭玥，李博文. 基于乡村振兴战略背景下美丽乡村建设创新模式探索与研究 [J]. 农家参谋，2020（18）：2.

[19] 张雪萍. 乡村振兴战略背景下陇南乡村旅游产业的优化升级研究 [J]. 黑龙江生态工程职业学院学报，2020，33（05）：26-27+143.

[20] 张晶. 乡村振兴战略背景下农旅融合发展路径 [J]. 乡村科技，2020，11（30）：10-11.

[21] 李荣. 乡村旅游助推乡村振兴的现实路径探讨 [J]. 普洱学院学报，2020，36（05）：21-23.

[22] 李洪周. 乡村振兴视域下我国乡村文化旅游发展面临的困境及对策 [J]. 乡村科技，2020，11（30）：21-22.

[23] 王唯. 乡村振兴背景下乡村旅游经济发展的现实路径 [J]. 普洱学院学报，2020，36（05）：24-26.

[24] 常洁，杜兴端. 后疫情时期推动我省休闲农业与乡村旅游发展的对策建议 [J]. 决策咨询，2020（05）：73-75.